わかりやすく〈伝える〉技術

池上 彰

講談社現代新書

2003

はじめに

誰のための説明なのか

私の家の近くの駐車場に、「ここはユニバーサルデザインの駐車場です」という看板が出ています。この前を通るたびに、私は、この駐車場が「ユニバーサルデザイン」というデザイン会社の専用駐車場で、関係者以外は駐車しないように警告する看板だと思っていました。

ところがあるとき、この看板の隅に「〇〇公社」という、東京都の関連団体を思わせる名称が出ていることに気づきました。どうも、ここが駐車場の持ち主のようです。ということは、「ユニバーサルデザイン」というのは……。

ここでハタと気づきました。この「ユニバーサルデザイン」というのは、企業名ではなく、一般名詞だったのです。

そもそもユニバーサルデザインとは、「誰にでも使い勝手がいいデザイン」という意味です。

たとえばシャンプーとリンスの容器は、同じ形状です。目の不自由な人にとっては、容器を手に取っても、区別がつきません。そこで、片方の容器の上部に凹凸《おうとつ》をつけ、手に取っただけで、これがシャンプーかリンスか、わかるようになっています。こうした配慮があれば、目の不自由な人以外でも、使い勝手がよくなります。髪を洗うときには目をつぶっていることが多く、手の感触に頼ることが多いからです。

つまり、この駐車場の看板は、「自動車の運転が不得手で、縦列駐車や車庫入れなどが苦手な人でも駐車しやすいように、ゆったりとしたスペースをとっていますから、どなたでも安心して利用できます。車椅子の人も、自動車のドアをいっぱいに開くスペースがありますよ」という意味でした。

誰でも利用できる公共駐車場なのに、「ユニバーサルデザイン」という専門用語を使ったことで、一般の人が誤解し、利用者数が少ない状態が続いていたのです。

看板を掲示した人は、この看板で利用者が増えるだろうと考えていたかもしれませんが、実際には、かえって利用者を減らす効果しかなかったのだろうと思います。

こんな例を見るとき、私は、「わかりやすい説明」というのは、むずかしいものだなあと思うのです。

ひとりよがりの説明に陥らず、相手の立場に立った説明。それこそが必要なのに、生半《なまはん》可《か》な専門家は、知っている単語を駆使して、関係者しか理解できない説明文を書いてしまいます。

その結果が、こうした誤解されかねない看板だったり、読者が理解できない新聞記事だったり、テレビやラジオでの意味不明のニュース解説であったりするのです。

とりわけ役所の文書には、誰のための説明なのか、まったくわからない文章の羅列《られつ》が登場します。年金記録の記載漏れが発覚後、当時の社会保険庁から、記載漏れを解消するための「ねんきん特別便」が各家庭に送られましたが、同封されていた説明文を理解できない人が相次ぎました。

その結果、訂正を申し出れば年金の支給額が増えたかもしれない人たちが、説明文を理解できずに放置したり、訂正はありませんと回答したりしてしまいました。

「ねんきん特別便」を受け取っても、細かい活字を読むのが辛い年齢の人も多いことでしょう。その人たちにこそ理解してもらわなければならない説明なのに、専門用語ばかりで意味不明では、税金の無駄遣いでしかありません。

「わかりやすい説明」が、いかに大事なものか、痛感します。

政治でも行政でも、あるいは企業であっても、いまほど説明責任（アカウンタビリティ）が求められる時代はありません。「わかりやすく〈伝える〉」というのは、いまやなくてはならない現代人の必須能力です。あなたには、その能力が備わっているでしょうか。

聞き手の時間を無駄遣いさせる発表とは

国際情勢に関する研究者の発表会に参加したときのことです。会場に発表資料が配布されました。担当者が発表を始めるのですが、ひたすら配布資料を読み上げていきます。私は、次第に腹立たしくなってきました。「資料は見ればわかるだろう。ここは朗読会ではないんだから、資料を補足する説明をしてくれよ」と、心の中で叫んでいました。

発表会の長かったこと。資料を読み終えた若き研究者は、ほっとした顔をしていましたが、それ以上にほっとしたのは、会場で「読み聞かせ」を受けていた人たちでした。

また別の大学での発表会でのこと。大学教授が、パワーポイントを次々に見せながら、画面に表示された文章を読み上げていきます。発表会が終わると、教授のもとに、「パワーポイントのコピーをください」という人たちが殺到しました。何のことはない、パワーポイントの資料を配って、「読んでおいてください」と言えばすんだことです。もっとも、それでは発表会の意味がありませんね。

そうです。この大学教授は、資料を配布して「読んでおいてください」と言えばすんだことに一時間も使い、聴衆の貴重な時間を無駄遣いさせたのです。

テレビに育てられてきた

私は、一九七三（昭和四八）年に大学を卒業して、NHKに記者として入社しました。三二年間勤務した後、二〇〇五年に退社。その後も、フリーのジャーナリストとして、「話す仕事」「書く仕事」をしてきました。

NHKでは、現場の記者を経て、ニュースキャスターと呼ばれる仕事を経験した後、「週刊こどもニュース」のお父さん役を一一年間担当しました。

フリーになった後は、NHKばかりでなく、民放各局のテレビやラジオにも出演してきました。

振り返ってみると、私の「わかりやすさの技術」は、テレビの仕事の中で、試行錯誤して身につけてきたものがベースになっています。その意味で、私は「テレビに育てられた」と言えるかもしれません。

新米記者として原稿を書いたこと、現場リポートをしたこと、キャスターになったこと、「週刊こどもニュース」という子ども向け番組を経験したこと。さらにいまはコメンテーターという経験によって、自分は変化（それを成長と呼びたいのですが）してきました。

私がテレビでわかりやすさについて心がけていたことは、決して特殊な業界の話ではありません。基本的で応用のきくことだと思います。

この本を手に取ったあなたは、きっと「自分の説明下手を直したい」「説明の技術を磨きたい」と思っていることでしょう。そんなあなたのお役に立ちたいと書いたのが、この本です。

まずは、「テレビが教えてくれたこと」から始め、わかりやすい説明の方法、あるいはプレゼンテーションで留意すべきことなど、「わかりやすく〈伝える〉技術」の基本を、私の経験を紹介しながら、あなたとともに考えていきましょう。

目次

第5章　実践編　三分間プレゼンの基本 ―――105

第8章「日本語力」を磨く

第1章　まず「話の地図」を相手に示そう

話にはリードをつける

あなたがテーマパークに遊びに行ったとしましょう。どのアトラクションに乗るか、どのショーを見るか、事前にパンフレットを入手したり、入り口で園内の地図を見たりして、どこに行くか決めることでしょう。

私は、わかりやすい説明とは、相手に「地図」を渡すようなものだと考えています。説明のための「地図」。それを放送業界では「リード」と呼んでいます。

私はNHKに記者として採用されました。新人研修では、まず原稿の書き方の訓練を受けます。ここで、こう言われました。

「原稿を書くときには、必ずリード、つまり『これはこういうニュースですよ』という短い文章から始めること。それから中身に入っていきなさい」

NHKにかぎらず放送局のニュースを見ると、それぞれの項目の冒頭に、短い文章で中身の紹介があります。これが「リード」です。前文という意味です。

たとえば、「きょう未明、東京千代田区で火事があり、住宅が全焼して二人が遺体で発見されました」というように。この原稿は架空のものですが。

新聞や雑誌なら、読んでいてわからなくなれば前に戻って読み返すことができます。しかし放送では「え、いま何だったっけ?」と思ってもそれができません。

そこで、「いまからこういう話をしますよ」と最初にリードで言っておくと、聞く側も心の準備ができるのです。

話の冒頭にリードをつけることは、ニュース原稿にかぎりません。日常の会話でも必要なことなのです。

あらかじめ「いまからこういう話をしますよ」と聞き手にリードを伝えることを、私は〝話の「地図」を渡す〟と呼んでいます。「きょうはここから出発して、ここまで行く」という地図を渡し、「そのルートをいまから説明します」という形をとることで、わかりやすい説明になります。

これは、いろいろなケースに応用できます。

たとえば、発表をするとき、「これから○○分間、何々についてお話しします。私が言いたいのはこういうことです」と言ってから、「そもそも……」と続けてはどうでしょう。聞き手はみな「結論はそこに行くんだな」と目的地がわかりますから、途中のルートについても一生懸命聞く気になります。それがないまま話が始まってしまうと、迷路に連れ込まれるような気がします。

先が見えないと不安なものです。「地図」を聞き手に渡すということは、「話の先」が見えるということでもあります。とても大事なことなのです。

リードに5W1Hの必要はない

話をするときには、「5W1H」を網羅《もうら》しなさいと、教わったことはありませんか。When（いつ）、Who（誰が）、Where（どこで）、What（何を）、Why（どうして）、How（どのように）したのか、という話の要素を示す言葉の英語の頭文字を並べたものです。正確な情報伝達には、この六つの要素が欠かせません。

しかし、リードでは、5W1Hをすべて伝える必要はありません。

5W1Hなら、「きょう午後二時ごろ、東京千代田区神田神保町の古書店街で、本を選んでいた男性が、何者かに刃物で刺され、死亡しました。警視庁は、殺人事件と見て、捜査本部を設置し、本格的な捜査を始めました」（これはあくまで例文です）というように、事実関係の詳細を盛り込む必要があります。

それに対して、リードは、「きょう午後、東京都内で殺人事件がありました」というような、おおざっぱな表現でいいのです。発生時間や場所など具体的な内容は、その後、本文に入ってからでいいのです。

たとえば友人と会ったときに、少し前にあった出来事を伝えたいとします。その場合、「ねえねえ、きょう午前何時ごろ……」とは言いませんよね。「今朝ショッキングなことがあってね」などとまず言っておいて、「え、そうなの？　どうしたの？」という相手の反応を待ってから、「実はね……」と説明するのが自然です。

その「今朝ショッキングなことがあってね」という部分が、ニュース原稿のリードになるのです。視聴者にニュースを伝えるのだって、日常会話と同じこと。「ねえねえ、ちょっと聞いて。今朝ね、こんなことがあってね」と話しかけるのが、リード部分です。

これは仕事のうえでのプレゼンテーションでも同じです。「きょうは、これについて報告・提案します」というのがリードです。これは、参加者に対して、「ねえねえ、いまから大事な話をするから聞いて」と呼びかけることなのです。

「予定所要時間」を伝えることにはこんな効果が

「何分間お話しします」と予定時間を告げるなんて細かい、と感じられるかもしれません。ですが、こうすると、聞き手に対して心理的効果があります。事前に予定表が配られていない場合、最初に「この話は何分までです」と触れるだけで、不思議なものですが、落ち着いて聞けるようになるのです。

質疑応答についても、たとえば「いまから一時間話をしたあとに質疑応答の時間を取ります」などと最初に言ったほうがいいでしょう。往々にして、そういう事前の説明がないまま話が始まり、話を終えたところで「では、ご質問は？」などと突然聞かれることがあります。これでは、「なんだ、質疑応答の時間があるのか。だったら質問を考えておけばよかった」ということが起きてしまいます。

たとえば「これから一時間半講演をします。一時間一〇分話をしたあと、二〇分間、質疑応答の時間を取りますので」とあらかじめ時間配分を説明されると、心の準備ができます。ここはわかりにくいとか、こんなことを聞きたいとか考えながら聞くことができます。そのほうが、質問が出やすくなります。

いきなり「では、質問ありませんか」と言われると、心の準備ができていなかった人たちはみんな引いてしまって、場内はシーンと静まりかえり、「あ、質問はないようですので、きょうはこれで」ということになりがちです。

これも言ってみれば、話の受け手に「地図を渡す」ことにあたります。「最後に質疑応答というルートをとりますよ」と示すことによって、安心して聞いてもらえるのです。目的地到着時間は○時ですよ、と本日の予定終了時間を知ってもらうことにもなります。

リードを書こうとすることで、内容がまとまる

情報を伝える相手に「地図」を渡すためには、その地図を描かなければなりません。そのためには、現地の全体像が頭に入っていなければなりませんね。つまり、内容がまとまってこそ、「地図」を渡せるのです。

私の新人研修時代は、放送用原稿の書き方を学ぶため、模擬記者会見が開かれることもありました。報道局社会部のベテラン記者が研修の講師として派遣され、私たち記者の卵に対して、模擬記者会見を開くのです。架空の事件を想定し、ベテラン記者が捜査一課長に扮して、事件の概要を発表します。私たち新人は、それを聞いた後、質疑応答の中で原稿を書くのに必要な要素を聞き出し、文章にまとめるという訓練です。仕上がった原稿は、ベテラン記者の手によって、完膚《かんぷ》なきまでに叩かれます。

「そもそも、こんな内容の本文だったら、こんなリードにはならないだろう。内容に合わせてリードを書き換えろ」

「リードはいいが、本文は、そのリード通りの内容になっていないだろう。リードに合わせて原稿の内容を変えろ」

こんなやりとりが繰り返されます。

一ヵ月の合宿研修が終わると、今度は警視庁や東京都庁などの現場に出て、先輩記者について取材に回り、実際に原稿を書いてみます。すると、あることに気づかされました。取材をしてきたはずなのに、リードが書けないのです。

ということは、取材はしたものの、事件あるいは事故の全体像を把握できなかったということです。つまり、友人に対して、「ねえねえ、きょうこんな事件があったんだ」と、ひと言で言えるような把握ができていなかったのです。

現場で取材するときに、「この事件は、要するにどういうことなんだろう。どんなリードになるのかな」と、内容をひと言にまとめようと考えながら取材すれば、全体像が見えたはずです。そういう意識を持たないまま現場に行っても、散漫な取材になってしまい、記事にまとめるときに、どうしていいかわからなくなってしまったということに気づいたのです。

これは、あなたが仕事で上司に報告するとき、あるいは、企画のプレゼンテーションをするときも同じことでしょう。報告内容をひと言でまとめるリードを書こうとすることで、報告内容もポイントが絞られてくるのです。

時間が足りなくなっても大丈夫なように

放送では、たとえば一分四〇秒分の原稿を書いたとして、アナウンサーが読んでいるうちに時間が足りなくなり、最後の一〇秒分を削るということもよくあります。そんなときでも「こういう話ですよ」と最初にリードで言っておけば、とりあえず伝えるべきことは伝わります。

仕事のうえでの報告やプレゼンテーションでも、大事な要素から発表していけば、時間切れになったところで、いつでも止《や》めることが可能になります。

放送や新聞では、「記事は逆三角形に書け」と言われます。逆三角形とは、分量ではなく、ニュースバリューが大きなものから書けということです（図1－1）。

1　こういうことがありました。（リード）
2　詳しくは、こういうことでした。（本記）
3　それはこういう理由でした。（理由・原因）

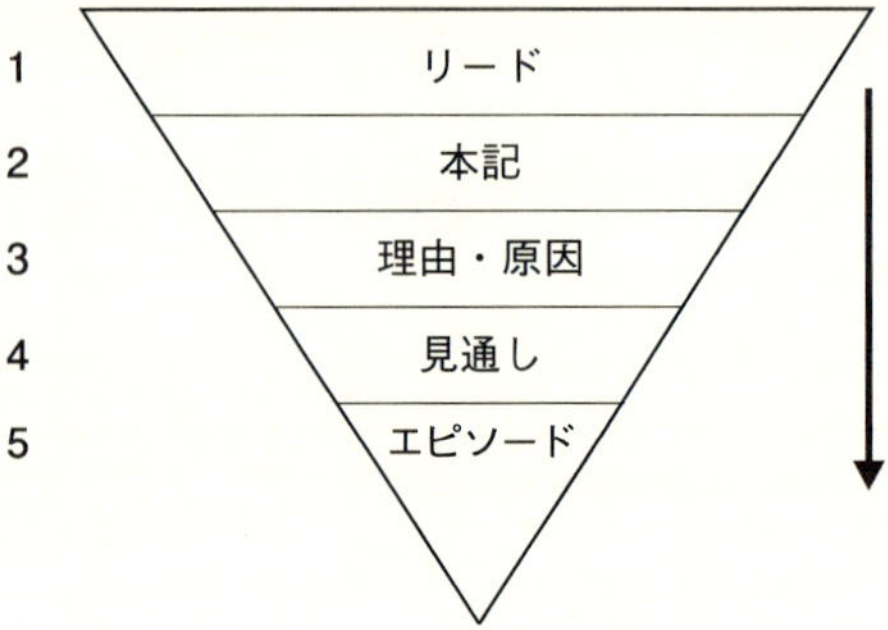

図1－1　ニュース記事の構成は逆三角形

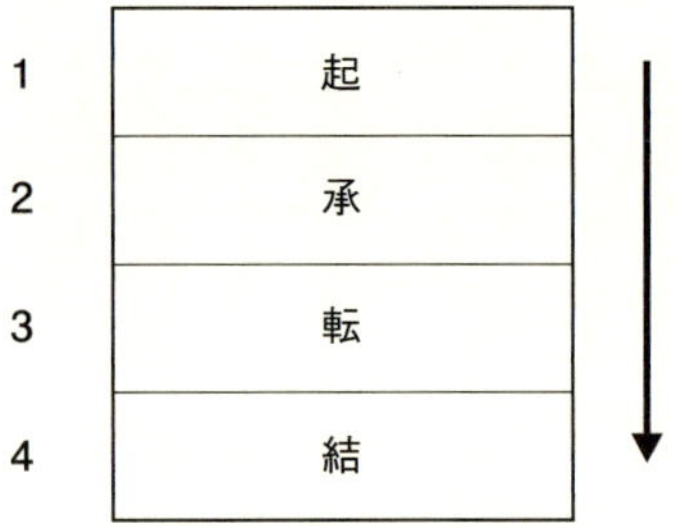

図1－2　長い記事やコラムの構成は長方形

4　警察などが調べています。（見通し）
5　ちなみにこんなこともありました。（エピソード）

となるわけです。

放送で原稿を削らなければいけないときは、文章の最後から切っていきます。逆に言えば、削られても大勢に影響のないような内容は、文章の最後に回せ、ということなのです。

これは新聞記事も同じこと。逆三角形の下から切っていきます。新聞の編集も、時間との競争です。記事の割付をする整理部の担当者は、原稿を全面的に書き直す時間がありません。原稿の最後の文章から、順番に削っていくのです。そこで、書く側も、それを覚悟して文章の構成を考えなければなりません。

文章の最後の「ちなみに」という部分はいらない。さらに短くしなければならないとなると、ギリギリ図の1と2の部分だけになる。そうなってもいいように原稿を書けと教わるわけです。

本当に短いニュースなら、一五秒で言い切れる1だけでもいいのです。言い換えれば、1にはもっとも大事なことを入れなければいけません。「それはなんだろう？」と考えることによって、そのニュースの本質が見えてくるということなのです。

私も新人時代には、リードが書けないという失敗を何度も繰り返しました。そのうちに、リードを考えながら取材しなければいけないとわかるようになり、取材も次第に効率的にできるようになりました。

取材時間が限られているときや、相手に時間がどれだけあるかわからないときには、とりあえず最初の骨組みのリードの部分だけ、まず聞き出します。まだ余裕があるなら、さらに話を聞き出して肉付けしていくことができます。どこで取材が打ち切られても、とりあえず原稿が書けるようになるわけです。

一方、同じ新聞でも、じっくり読んでもらえそうな長い記事やコラムなどは、「起承転結」の構成の長方形になります（図1－2）。

1　実はね、こんなことがありました。（起）
2　というのもね、こうだったんですよ。（承）
3　ところが、こんなこともありましてね。（転）
4　最後はこうなんですよ。（結）

と、なります。こちらは、最後まで読んでもらえることを前提にした構成です。

放送の場合も、ニュースではなく、特集番組のような事前収録ものでしたら、同じく起承転結の構成でいいのです。

内容を箇条書きにしてみる

あなたが人前で話をするときには、たいていの場合、メモを用意するのではないかと思います。ここまで述べた「話の相手にリードという地図を渡す」ことは、このメモづくりに生かせます。

まず、リードを考えましょう。

リードがすぐ思いつけば、それでいいのですが、もしリードが思いつかなかった場合はどうでしょう。

そんなときは、こういう話をしたいという事柄を箇条書きにしてみましょう。箇条書きにすることによって、自分が言いたいことが整理されます。その言いたいことがリードになるのです。そして、今度は、そのリードから考えていけばいいのです。

箇条書きをあらためて見ていくと、これは順番を変えたほうがいいとか、これはいらないとか、ここはやはりこの要素が必要だとか、気がついてきます。そこで初めて話の内容が整理されるのです。

言い換えると、以下のようになります。

1 話すべき内容をまず箇条書きにしてみましょう。
2 その箇条書きにもとづいてリードをつくりましょう。
3 今度は箇条書きの内容がそのリード通りになっているか検討しましょう。
4 リードにふさわしくないところが出てきたら、順番を変えたり削除したり付け加えたりしましょう。

内容整理のポイントは「対象化」（見える化）だ

短い話の準備のメモなら箇条書き程度でもいいのですが、一時間や一時間半の報告や講演ともなりますと、そうもいかない場合もあるでしょう。

そんなときは、デジタル方式とアナログ方式があります。人によって、好みのほうを選べばいいでしょう。

デジタル方式は、パソコンのワープロソフトを開き、必要な要素を書き込んでいくのです。思いつくことを何でも箇条書きにしておき、入れ替えればいいのです。

私の場合は、とりあえず必要な構成要素を並べ、画面上で順番を入れ替えます。そのうえで、各項目に関して、そこで触れるべき内容を書き込んでいきます。

これですと、思いついたことを、いつでも追加できます。いつのまにか、報告・講演内容ができあがります。こんなことができるのも、ワープロソフトがあるから。ワープロソフトは、思考を整理する優れたツールなのです。

パソコンの画面上に、アイディアやイメージを書き出してみることには、もう一つ効果があります。それぞれの要素を、客観的に見ることができるようになるのです。頭の中で考えているだけではだめなのです。

かつて、こんな便利なワープロソフトがなかった時代は、頭の中で何度も練り直し、紙に書いては消し、ということをみんなが繰り返していました。そうした思考回路を、ワープロソフトに外部化し、いわば「対象化」するのです。最近のビジネス用語で言えば、「見える化」するのです。これは、「地図を示す」ことの次にくる、「わかりやすさ」の大切なキーワードです。

個人の作業は、ひとりの孤独な作業ですから、パソコンのワープロソフトでいいのですが、集団作業となりますと、箇条書きや構成要素を共有する必要があります。このため、みんなに対して「対象化」(見える化) させる必要があります。そこで登場するのがポストイットです。これがアナログ方式です。

たとえば「NHKスペシャル」のような一時間番組をつくる場合は、B6ぐらいのサイズのポストイットが必需品です。

必要な要素を次々にポストイットに書き出して、壁やホワイトボードに、みんなが見えるように貼っていきます。

ポストイットに書き込む要素は、サインペンで一行にまとめます。

たとえば温暖化問題のドキュメンタリーなら「北極の氷が溶ける」「過去との比較データ」「イヌイットの○○さん語る」などとズラッと順番に並べていくわけです。

番組制作は共同作業。ディレクターや上司のプロデューサーが、要素を書き出したポストイットを、あっちに貼ったり、こっちに動かしたりして、「ここは論理的につながらないぞ」とか「これは違うだろう」とか、ああでもないこうでもないと議論しながら、全体構成を組み立てていきます。

集団での思考作業を「対象化」(見える化) することで、番組の流れができあがるのです。

こうした作業は、取材前に準備する一種の「コンテ」づくりにも必要ですし、取材後の映像カット（一つひとつの構成要素が入っている映像）の編集に際しても同様に必要です。

たとえば北極の氷の空撮の映像のシーンでワンカット。船上から見た氷の様子でワンカット。イヌイットの○○さん語るという話の内容がワンカットという形で、ポストイットを並べていきます。

こうしておいて、「入り方が平板だ」とか、「躍動感を出すために時系列をひっくり返してみよう」とか、「つかみはこうやってみよう」などと話し合います。

ひとりで話の準備をする際も、基本はこのNHKスペシャルの例といっしょです。共同作業の代わりに自問自答すればいいのです。

「対象化」は声に出すことでも

この「対象化」は、他にも「しゃべってみる」ことによってできます。

何か報告しなければいけないとき、事前にまわりの人に、「こんなことがあってね」としゃべってみることによって、話すべき内容が整理されることがあります。あるいは、しゃべった相手の反応を見て、「そうか、こういうしゃべりでよかったんだ」「これじゃダメだ」「いまひとつだった」「すごくウケた。よし、これでいい」などと判断することもできます。

話すことでその内容を自分の中からいったん外に出すのです。これが「しゃべることによる対象化（見える化）」の作業です。

わかりやすい説明をするためには、この対象化の作業が欠かせません。

「階層化」で話の柱や枝を作る

さらにもう一つ大事なキーワードがあります。それは「階層化」です。階層化とは、話したい要素ごとにそれぞれ複数の柱を立て、枝分かれさせていく作業です。

全体の話の中身を三つに分けた場合、第一の柱、第二の柱、第三の柱を立てます。そのうえで、Aの柱の中に二つの要素があれば、その順番を決め、a、bと並べていきます。これが階層化です（図1－3）。ワープロソフトを使えば、この階層化が容易にできます。

話の最初に「地図を示す」とき、それらを全部示す必要はありません。「きょうはAとBとCについて話をします」でいい。A、B、Cが三本の柱です。このひと言が、リード＝「地図」なのです。

地図にもとづいて話をしていきながら、「最初のこれについては考えておくべき重要な

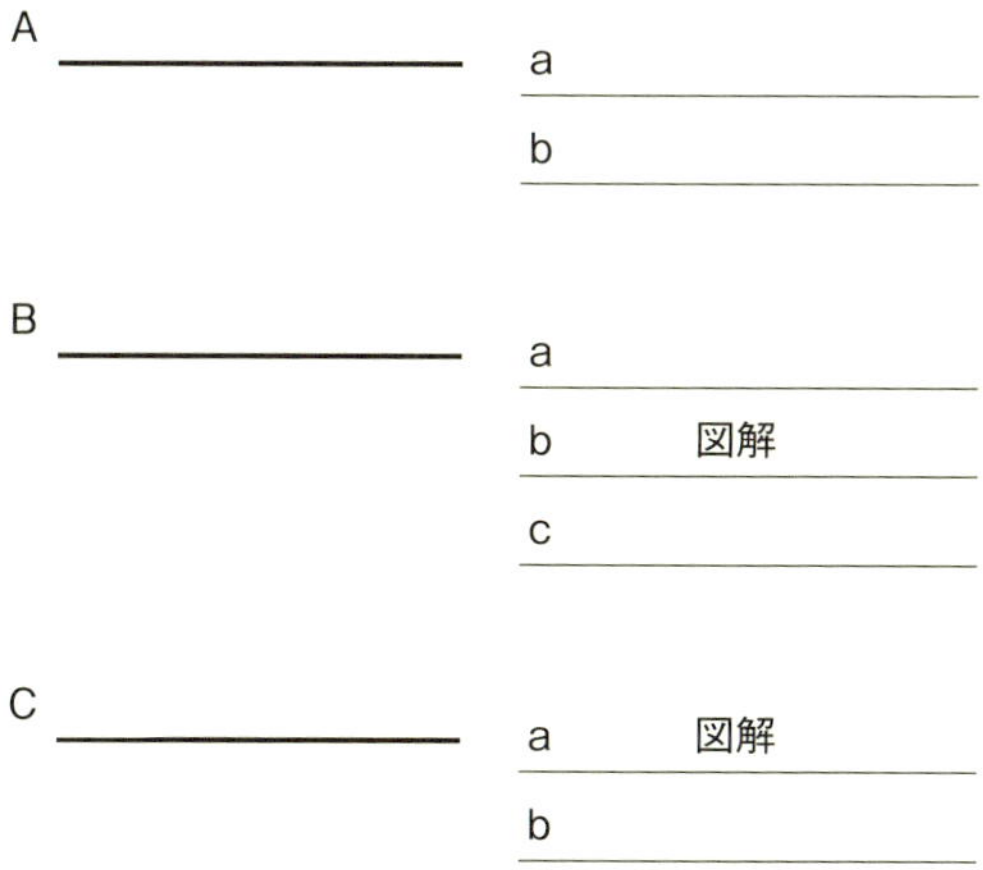

図１－３　階層化とは柱を立て、枝分かれさせる作業

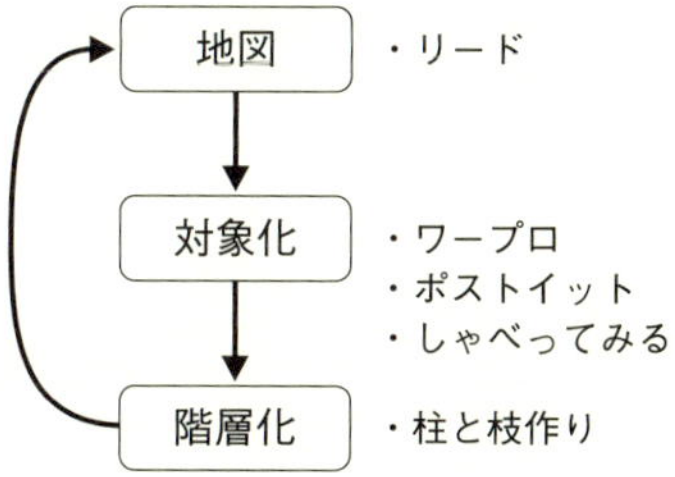

図１－４　わかりやすく話すための流れ

ことが二つあります。aとbです」と展開していく。パソコン用語でいえば、「ディレクトリ」にあたります。

このような作業の中で、どの部分を図解にしようとかいうことも決まってきます。それによってまた、自分の考え方も整理されていきます。

発表したい内容を「対象化」することで、自分の頭の中で考えていることが「見えて」きます。その内容を検討すれば、さらに細分化させることが可能になります。これが「階層化」です。

ここまでの話をまとめてみましょう。

わかりやすい話をするために、まず大事なのは「聞き手に、リードという地図を示す」ことです。地図を示すためには、話す内容を対象化しなければいけないし、対象化したものを階層化することによって整理ができます。その整理されたものを地図にして示せばいいのです。

前ページの図1－4に示したように、地図→対象化→階層化→地図という構造になります。

第2章　相手のことを考えるということ

誰に向かって伝えるのか

このところ、「わかりやすく伝える」ことがブームです。若者の新聞離れが中高年にも広がりつつあることに危機感を抱いた新聞各社は、紙面を親しみやすく、わかりやすくしようと工夫を始めました。そこには、一九九四年から始まったNHK「週刊こどもニュース」の活字版を考えている気配が濃厚です。ところがその内実は、まだ意気込みが空回りしている気配があります。

たとえば二〇〇九年三月、ある一般紙が、経済面に解説コーナーを新設しました。「投資やマネー、経済にかかわる用語や出来事などをわかりやすく解説します」と書いてあります。初心者向けの解説欄のようです。

初回のテーマは、「株って何?」でした。

質問(Q)と答え(A)の形式で解説が行われます。最初に質問者が、「株価下落ってよく新聞やテレビで騒いでいるね。大変そうだけど、そもそも株って何なの?」と問いかけます。実に素朴な質問ですね。こんな聞き方からすると、質問者として子どもを想定しているのではないかと思われます。それなら、子どもにもわかる答えが必要になります。先を読んでみましょう。

「難しい問題だな。まずは『株式会社』について説明する必要があるね」

「株式会社は投資家から集めた資本金をもとに事業を展開している。出資者は株主となり、出した金額に応じた株式を受け取る」

「業績が堅調なら、利益の一部が配当として株主にも分配される」

これが答えになっているでしょうか。

そもそもこの説明が理解できる人は、「株って何?」という質問はしないでしょう。誰に向けての解説なのか、この答えでは中途半端なのです。

「株って何?」という質問なら、まずは、株そのものの説明が必要になります。いきなり株式会社の説明から始めてはいけないのです。

相手が子どもなら、私だったら、こう説明します。


新しい仕事を始めたいが、お金が足りないという人がいる。そんなとき、お金を出してくれた人に、証拠として渡すのが株だ。株を持っている人を株主という。株を渡してお金を集め、つくった会社を株式会社という。株式会社が仕事を始めて利益が出たら、一部を株主に渡す。これを配当という。株主が資金を出してくれたからこそ、利益を出すことができたのだから、そのお礼だ。

どんなレベルの人に向けて説明するのか。対象の読者をきちんと設定しないと、解説は意味をなさないのです。最近の新聞の説明には、こうしたものが多すぎます。誰に向かって話をするのか、解説をするのか。まずは相手のことを考えることから始めなければならないのです。

社会部時代の記者リポートで考えた

私が、「視聴者にとってのわかりやすさ」について自覚し、真剣に試行錯誤を始めたのは、六年間の地方勤務を経て、東京の報道局社会部に移ってからです。

それは、現場リポートで話すようになったのが、きっかけでした。

一九七〇年代半ば、磯村尚徳氏が「ニュースセンター9時」にキャスターとして登場、記者が初めてキャスターになったと話題になった頃でした。その頃NHKでは、アナウンサーが原稿を読むだけでなく、現場に行った記者もしゃべればいいじゃないか、ということになってきていたのです。私も、しばしば、事件現場から中継を担当するようになりました。

現場リポートは、内容にもよりますが、四〇秒から一分ないし一分半程度です。記者は、現場でリポート原稿を書き、それを自分で読みます。

この現場リポートには、意外な落とし穴があります。

たとえば列車事故が起きたとします。

東京のスタジオでアナウンサーが「きょう午前、〇〇線のどこそこで脱線転覆《てんぷく》事故がありました。五人が大けがをしました。では、現場の〇〇記者に伝えてもらいましょう」と現場に呼びかけます。

すると、現場にいる記者が、「はい、きょう午前何時何分ごろ、〇〇県××市の〇〇線で……」と話し出す。よくあることですね。

でもこれは、あきらかによくないリポート例です。視聴者は、事故現場がどうなっているのか、現場中継ですぐに見たいのです。それなのに、「きょう午前……」と始まりますと、視聴者は、「そんなことより、いまどうなっているんだ」とテレビの前で突っ込みを入れたくなります。

どうしてこのような失敗をしてしまうのでしょうか?

それは、起承転結を考えてしまうからです。

視聴者はすでに脱線転覆事故があったことを知っています。知りたいのは、リポーターがどこにいるのか、現場はどうなっているのか、ということです。だから、「こういうところです」という説明から始めなければいけません。

それが、第1章で述べた、「話の地図」の現在地をまず指し示す方法です。東京のスタジオでアナウンサーがすでにニュースのリードを読んでいますから、視聴者に「地図」は示されているのです。「地図」は渡されているのですから、「その地図の中のここですよ」と指し示すリポートをすればいいのです。

たとえば、記者が画面に顔を出して、こう始めます。

「事故が起きてから三時間たった現場です」

「三時間たった現場」と始めることで、視聴者は、「事故の直後ではないのだ。三時間たっているということは、けが人は救急車で運ばれた後だな。復旧作業が始まっているのかな……」と考えることができます。時間経過の「現在地」がわかるのです。

次に「ご覧のように後ろには……」と続け、カメラは事故現場にズームアップします。これで、事故現場と話し手の位置関係がわかります。見ている人も安心するのです。リポーターの顔からポンと列車事故の現場に切り替わったのでは、リポーターはどこでしゃべっていたのかな、と疑問を抱いてしまいます。リポーターが、本当に現場にいるかどうか疑ってしまうかもしれません。そうなると、見ていて不満、あるいはわかりにくいという印象を与えてしまうのです。

リポーターと現場の位置関係を映像で説明することで、文字通りの「現在地」がわかるのです。

これも、「視聴者に地図を与える」工夫の一つです。

もし、日が暮れて真っ暗なら、「後ろにライトが当たっています。あそこが現場です」などという表現で、自分と現場の位置関係をまずわかってもらいます。視聴者は頭の中に現場のおおまかな見取り図を描くことができて「ははあ、ここからなのだ」と安心できます。

次に「いま○○が起きています」。その話をしてから、この事故が起きたのはきょうの午前何時ごろでこうだったよとつなげていけば、「現在地」がわかった後ですから、落ち着いて聞くことができます。

つまり、東京のスタジオで「地図」を示し、現場の記者が、「現在地はここです」（現場はこうなっています）と示します。そのうえで、おもむろに事故発生時の話に戻ります。いわば「地図」の入り口を示すのです。

思わず歩きながらリポートした

私が東京の社会部に転勤して最初に現場リポートをしたのは、ある小学校での自動車事故についてでした。

朝、マイカー通勤してきた教師が、構内の駐車場に入れようとしたときにアクセルとブレーキを踏み間違い、子どもたちの列に突っ込んでしまったのです。死者は出ませんでしたが、子どもたちが大勢けがをしました。

現場に行ってリポートをしろと言われて、まず、そのときに何が起きたのかわかるようにしようと考えました。

そこでとっさの判断で、学校の校門の横に立ち、そこから「先生が運転していた車はここから……」とカメラに向かって話しながら、中に向かって歩いてみたのです。カメラマンも一緒についてきます。

「このように車が突っ込んで、ここにいた児童たちをはねました」

せっかく現場に行っているのだから、動いてその様子を見せよう。そうすれば、自動車の動きも理解できる。事故の全体像が視聴者にわかってもらえる、と考えたのです。いまなら民放のリポートでは当たり前の手法ですが、当時は、NHK、民放通して、珍しい方法でした。

後で考えてみると、私はこのとき初めて、「目の前の（テレビの前の）相手」を想像して、リポートしたのだと思います。

教わる先輩がいなかったから

当時は、現場へ行ってリポートしろと言われるだけで、先輩や上司からの指導やアドバイスは何もありませんでした。なにせ当時は記者リポートの草創期。先輩たちは記者リポートをした経験がなかったからです。そのことが、結果的に自分にとってよかったと思っています。

それは、こういう意味です。デスクと呼ばれる放送局の管理職たちは原稿を書く大ベテランですから、ニュース原稿についてなら若い記者を指導することができますが、現場リポートの経験はありません。現場の記者にどう指示を出していいかわからなかったのです。そこで、私が「どうしましょうか」と聞いても「わかんないから適当にやれよ」という答えが返ってきました。そうなると、自由だけれども自分で考えなければいけない。そこでとっさに、事故の様子をなぞって歩くリポートを思いついたのです。

先達《せんだつ》がいないために、自己流に創意工夫せざるを得なかった。それによって、原稿を棒読みせずに、「しゃべれば」いいじゃないかということに気がついたわけです。

他人の原稿は読みにくい

その点で言いますと、いまの若い記者は不幸かもしれません。いまのデスクたちは、若い頃みんなリポートの経験を積んでいます。このため、記者リポートの内容にデスクの綿密なチェックが入ります。

緊急事件・事故なら別ですが、たとえば役所の前からの「立ちリポート」（現場からのリポートのことを放送業界ではこう呼びます）などでは、記者にあらかじめ原稿を送らせて、「てにをは」まで直して送り返します。そうなると、それは「書き原稿」になってしまいます。

「読んでもらう書き原稿」と「放送で聞いてもらう、しゃべるための原稿」は、違う性格のものです。それなのに、記者は「しゃべる」のではなく、その直された書き原稿を棒読みすることになってしまうのです。

これには、二つ問題があります。一つは、「現在地」を示すことなく、起承転結に近い原稿になってしまうということです。

もう一つの問題は、他人の手が入っている原稿は覚えにくいということです。短い原稿は、覚えておいてカメラに顔を向けてリポートする必要があるからです。

たとえ事前に周到に暗記しても、「てにをは」をうっかり間違えるだけで、たとえば、「厚生労働省は」と言うべきところを、「厚生労働省が」と言い間違えただけで、その後はメロメロになってしまう、ということが起こります。そうならないようにカンペ（カンニングペーパー）と呼ばれる原稿をカメラの横に置いてそれを見ながら棒読みをします。

この場合、カメラのほうを見ながら話しているかのように見せるために、体を斜めに向けることになります。視聴者から見ると、カメラの横のほうに記者の視線が行っていることがわかる不自然なリポートになってしまいます。

時代が違うのだと思いますが、現場リポートの初期に自分なりに工夫ができたことが、私にとっては財産になったと思っています。

NHKでは記者は「ラジオ原稿」を書く

このように、現場でカメラの前に立ってリポートすることもありましたが、当時の記者の基本は、「映像と一緒に読まれる原稿を書く」という仕事でした。

NHKのニュースを見ると、アナウンサーが原稿を読むときに画面に映像が流れますね。編集された映像を見ながら記者が原稿を書くと視聴者は思っているかもしれませんが、そうではありません。映像と原稿は、別々に作業をして、放送時に同時に流すのです。

民放テレビ局の記者は、テレビニュースの原稿だけを書きますから、映像を生かした原稿の書き方の訓練を受けます。

これに対してNHKの記者は、テレビ原稿ではなく、まずはラジオ原稿を書くのです。NHKはもともとラジオ局として始まったので、記者はラジオもテレビも両方カバーしなければなりません。まずはラジオのニュースで使える原稿を書いて出稿します。デスクがこの原稿をチェックして、OKが出れば、このラジオ用原稿は、テレビとラジオのニュース担当者宛に送られます。ラジオのニュースでは、この原稿をそのまま使いますが、テ

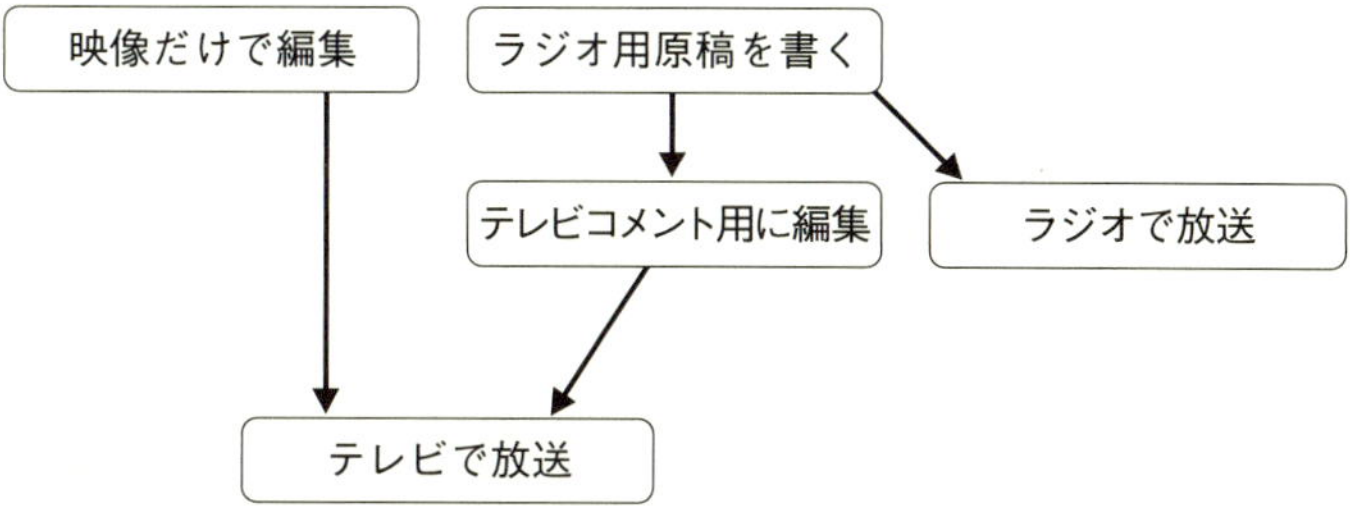

図2－1　記者のニュース原稿が放送されるまでの流れ

レビでは、編集担当者が、テレビ向けにアレンジします。

記者が書いた原稿が放映されるまでの流れを、簡単に説明しましょう（図2－1）。

ラジオ用原稿を書くと、デスクが手を入れ、ラジオのアナウンサーはそれをそのまま読みます。

テレビの場合は、デスクが手を入れた原稿は、コメント編集といわれるスタッフにまわります。コメント編集は、必要な秒数の文章に縮めます。

映像については、カメラマンが撮影したＶＴＲを編集マンが編集します。

このように、映像と原稿は別々に作られるのです。時間に余裕があれば両者の調整も可能ですが、なかなかそうはいきません。

ＮＨＫの夜七時のニュースなどの場合、アナウンサーが原稿を読むのに合わせて、初めて映像が流れるということも、しばしばです。

そうすると、映像を見ればわかる不必要なコメントが入っていたり、コメントにないことが映像に映っていたりするということが起きます。視聴者が「これは何だろう」と疑問に感じても、アナウンサーが説明してくれるわけではありませんから、結果として、不満が残ります。わかりにくいニュースという印象を受けます。

本当は、ラジオ用原稿とテレビ用原稿は、別々に書かなければいけないのです。それをやらないから、わかりにくくてつまらない原稿が出てしまいます。

私は、それは、間違いなのではないかと思っていました。当時は、たとえば「ニュースセンター9時」でのニュースの場合、記者はリポート用の原稿を書いて音声を録音し、それで事足れりというのが多くの実態でした。

映像を意識して原稿を書く

なぜ映像を生かしたリポートにしないのか。不満に思った私は、映像を生かした原稿づくりを重視しました。

映像編集マンの編集台の横の狭いスペースを借りて、編集中の映像を見ながら、自分のコメントを書くようにしたのです。

編集マンが、たとえば、「全体のロング（全景）は一五秒が限界だよ、二〇秒もこんな映像を見せられたら視聴者はたまんないよ」と言います。すると、そこにふさわしい原稿は、一五秒の映像を見せている間に読みきれるコメントです。すなわち、一三秒ぐらいのコメントにしなければいけません。

その一方で、映像にはなりにくいけれど、これだけは言わなければいけないという原稿が二五秒分あるというときは、その二五秒が言い切れる映像をつないでくださいと頼みます。

あるいは、「原稿の中でAさんは〇〇と言ったと書いてあるけど、Aさんがこう言ったというかわりに、いきなりAさんの声を聞かせればいいじゃないか」「このAさんの声を受けた解説を一〇秒ぐらい書いてよ」……そんな編集マンの注文を受けながら原稿を書いていきます。映像がすべてつながって編集が終わったとき、私もコメントを書き終えています。映像と原稿の合体です。わかりやすいニュースにするため、映像と音声が協力しあう、そんな関係のリポートをめざしました。

映像の力は大変なものです。一万言を費やしても説明できないことが、一枚の写真、数秒の動画で説明できてしまいます。

この映像の力をフルに発揮させるためには、映像を説明する原稿が必要になります。あるいは映像だけでニュースを伝えることもあるでしょう。ニュース原稿は雄弁である必要がありますが、饒舌《じょうぜつ》であってはならないのです。

これはテレビの話ですが、あなたが何かの発表をする際にも同じことが言えます。たとえばパワーポイントを使うとしましょう。発表者としては、苦労して作ったパワーポイントを全部見せたくなりますね。そこで、用意したものすべてを映し出し、その画面に書いてある文章を読み上げていきます。こういう発表の仕方をする人は多いですね。

でもこれでは、聴衆は、画面の文字を目で追うのに精一杯。あなたの発表の声は聴衆の〝心〟に届きません。

パワーポイントに文章をたくさん書き込むことはやめ、大事な要素、まさに文字通りのポイントだけを記し、後は、あなたの声で、そのポイントを補足するコメントを述べていけばいいのです。

これなら、映像と音声のコラボレーション（分野の垣根を越えての協力作業）になるでしょう。

最初はみんな同じレベル

正確な情報をきちんと伝えなければならないと考える記者ほど、伝えるべき内容をしっかりと原稿に書き、カメラの前で原稿の文章を棒読みすることが多くなります。

これでは、内容は正確かもしれませんが、臨場感に著しく欠けてしまいます。そんなことなら、原稿の読みは記者よりアナウンサーのほうが上手なのですから、スタジオでアナウンサーが読めばすむことです。

それをせず、なぜ記者が現場から伝えるのか。それは、記者ならではの鋭い観察眼で現場を見て、現場の様子を視聴者に伝える役割があるからです。それなら、カメラの前での原稿棒読みは意味がありません。

現場に立っているのですから、現場は暑いのか寒いのか、どんなにおいがするのか、現場の息吹きを伝えるような「しゃべり」が必要になります。私は、現場リポートでは、そんな工夫をするようになりました。

それが評価されたのでしょうか。大きな事件や事故が起きるたびに、次第に上司から「現場に行ってリポートしろ」という指示を受けるようになりました。

場数を踏めば、次第に落ち着いてしゃべれるようにもなってきます。

これは、他の職種でも言えることです。最初のうちは、誰でもみんな同じレベルですが、そのうちのひとりが、たまたま与えられた仕事をうまくこなすと、その後も大きな仕事を任されるようになり、結果として、力がついていくことになります。

まずは、最初の報告やプレゼンテーションをうまくこなすこと。そこから大きな仕事への道が開けます。

第3章　わかりやすい図解とは何か

キャスターになって考えた

一九八九年、私は三八歳で、首都圏向けの「ニュースセンター845」のキャスターになりました。午後八時四五分から一五分間のニュース番組です。いまでは珍しくもありませんが、アナウンサーではなく、記者の立場でキャスターの仕事を担当したのです。アナウンサーは、しゃべりのプロ。発声法から始まって、アナウンスの基本を身につけています。ところが私は、アナウンスの研修など受けたことがありません。まったくの手探りで仕事に臨むことになりました。

「こんばんは、ニュースセンター845です。きょうからこの時間を担当することになりました池上と申します。どうぞよろしくお願いします」

カメラに向かったら、原稿がないとしゃべることができません。この冒頭の挨拶《あいさつ》ですら、私は原稿に書いて読み上げたのです。画面に見えないところで、足が震えていたような気がします。スタジオでのフリートークなど、夢のまた夢というレベルでした。

このキャスター時代に学んだことは、二つあります。

一つは、「自分が最初の視聴者になって考える」観点を持ったことです。

もう一つは、「なんでも図解してみる」ということです。映像を見せれば、それで理解できるニュースもありますが、中には抽象的で、映像にできないニュースもあります。テレビの世界で「絵にならない」と呼ばれるニュースです。そういうとき、それまでのテレビニュースでは、NHKも民放も、役所の建物の映像をバックに原稿を読み上げる、というレベルにとどまっていました。これでは視聴者の理解の足しになりません。

それでもNHKでは、「大事なニュースだから」とニュースにしますが、民放の場合、「絵にならない」と言ってボツにしてしまうことがよくあります。これでは本末転倒です。

音声だけではわかりにくいけれど、ふさわしい映像もない。そんなニュースの場合、図解することで、わかりやすくなります。「映像」にもなります。

あるいは、原稿をもとにして、いったん図解をし、そのうえで図解を説明する原稿に書き直せば、これもまた、図解（映像）と文章のコラボレーション、「映像と言葉の相互作用」が働くのです。そのことに気づいた時代です。

この章では、この二点について、さらに詳しく考えましょう。

自分が「最初の視聴者」に

私は記者でしたから、それまでは、現場リポート以外は、アナウンサーが読む原稿を書くのが仕事でした。

ところがキャスターの場合、原則として原稿は書きません。別の記者が書いた原稿を読むのが仕事です。

そこで初めて気がついたこと。それは、「どうしてこんなに単純な話を、わかりにくく書くんだろう。こんなに面白い話を、どうしてつまらなく書くんだろう」ということでした。

キャスターとしての私の役割は、言ってみれば、原稿を書いた人と視聴者の間のつなぎ手のような役割です。

「視聴者のあなた、きょうはこんなニュースがありますよ」と伝えるのが役目です。自分が理解できないような原稿を読んでも、視聴者が理解できるわけはありません。それなのに、一読しただけでは理解できないような原稿が出てくるのです。何度も読み返して、やっと理解できる原稿。でも、テレビで読み上げるのは一回だけ。一回で理解できなければ、意味がありません。

そこで、耳で一回聞いただけで理解できるように、原稿を書き直すことから始めました。幸いなことに、当時の私は、ニュースの責任者（管理職）として、他の記者が書いた原稿を書き直す権限が与えられていました。

記者が書いた原稿を自分で読んでみて、これでは視聴者にはわかりにくいな、と思ったら、私が視聴者の代表として原稿を直そう。あるいはここの部分は曖昧《あいまい》だけど、これは要するにどういうことなのか、あらためて執筆した記者に問い合わせをして原稿を書き直そう。そう決意しました。

「自分が最初の視聴者になって考える」とは、そういう意味です。

もしあなたが、職場の上司として、対外的に発表する文書の原稿を部下に書かせたとき、あなたは「最初の読者」として、「外部の人間」になったつもりで、部下の報告書を読んでみてください。ひとりよがりの表現、部内の勝手な事情でわかりにくい表現になっている箇所を発見するはずです。

ひと息で読めない文は短く分けよう

私は、アナウンス研修は受けていません。

アナウンス研修では、腹に力を入れて体全体で声を出すようにする腹式呼吸の発声法や、滑舌《かつぜつ》よく長い文章もスラスラと読むための研修を受けます。ところが私の場合、キャスターになったからといって、そのような研修を受けさせてくれるわけでもありません。
何の準備もないままいきなり放り込まれて、最初の日、ニュース原稿を読みはじめたら、一つの文が長くて、途中で息が切れてしまったのです。「なんて読みにくいのだろう」と驚くと同時に、「NHKのアナウンサーは読むのが上手だな」と感心しました。

キャスターとしてきちんとニュースを伝えなければいけない。けれども、息が切れてしまって、原稿を最後まで読みきれない。そこで、一つの文が長すぎるなら短くしてしまえ、と考えました。一つの長い文を、二つ、三つに切ってみたのです。

短く切ると、一つの文が、一つの意味内容だけを届けることになります。ABCという三つの要素が全部入っている文を聞かせては、視聴者に余計な負担をかけます。それに比べて、まずはAの話、続いてBの話、そしてCの話と進めば、楽に聞くことができ、非常にわかりやすくなります。

たとえば、三つの荷物（要素）を、相手（聴き手）のもとに届けるとします。三ついっぺんに運ぼうとすると、ヨタヨタしてしまい、なかなかたどりつけません。一回に一つだけにすれば、簡単に届けられます。それを三回繰り返せばよい。原稿も同じことだろうと考えました。

一つの文に入れる要素を一つに絞り、文をポンポンと切っていく。いっぺんにベタッと描くのではなくて、一つ一つの話を重ねていくことで全体像を描いていく。たとえるのはおこがましいですが、名文家といわれる人、たとえば志賀直哉のような文章です。短い文を畳みかけていくことによってわかりやすく伝えることができるな、と思ったのです。

あなたも仕事のうえでの企画会議やプレゼンテーションをするときに、ダラダラと長い文を重ねて話してはいませんか。なるべく一つ一つの文を短く言い切ってみてください。短文を積み重ねていくような話し方にすると、言いたい内容が、相手に届きやすくなるはずです。

伝えたいことがいっぱいあるときは「荷物を小分けにして、一つずつ運んでいこう」と自分に言い聞かせてみてください。

短い文にすれば文章がうまくなる

もう一つ、気づいたことがあります。

一つの長い文にすると、文章の中身の要素同士が論理的につながっていなくても、まるでつながっているように思えてしまうのです。たとえば、「〜で、〜ということから、〜

といえる」などと文をつなげていくと、論理的な文章に見えてしまうことがあります。ところが、長い文を短文に分けていくと、文章が論理的かどうか、はっきりしてしまいます。化けの皮がはがれるのですね。長くてわかりにくい文というのは、実は単に論理的でなかっただけ、ということが多いのです。

論理的に筋が通っている文章はわかりやすい。文を短く分けても破綻《はたん》を来《きた》さないのです。

論理的な流れになっていない文章ですと、文を短く切っただけでは使い物になりません。文章自体を直す必要があります。その作業をすることで、わかりやすい文章にできるのです。

その際、接続詞はつけずに短い文をポンポンと並べたほうが、リズムもいいし、わかりやすくなる、ということにも気がつきました。論理的に流れていれば、接続詞はいらないのです。逆に言えば、接続詞を多用している文章は、実は論理的でない文を、接続詞で無理やりつないでいることが多いのではないでしょうか。

文章の流れを積み木にたとえてみましょう。論理的な文章というのは、必要な要素の積み木を整然と積み上げていくようなものです。これなら接着剤がいりません。

ところが、デコボコした積み木を無理やり積み上げるためには、接着剤が不可欠です。この接着剤が、文章でいえば接続詞なのです。

自分に対して、「接続詞をなるべく使わないように」という制約を課すことで、結果的に、論理的な文章を書けるようになりました（と思っているのですが）。

自分がひと息で読める程度に文章を短くすることによって、わかりやすい文章とはどういうものか、考えることができました。この気づきが、自分で文章を書くときにも役立ったのです。

第8章で詳しく述べますが、接続詞を使わないということは、接続詞がなくても違和感なく流れるように論理をきちんとしなければいけない、ということです。アナウンス技術がなくて読みが下手だったことが幸いして、それに気づくことができたのです。

現場の位置関係がわかるように

キャスター時代に、考えるようになったもう一つのこと。それは、「なんでも図解してみる」ということです。

テレビのニュースやワイドショーで、キャスターが、説明文や地図を描いた長方形の板を手に持って説明しますね。あの板のことを、NHKでは「パターン」、民放では「フリップ」と呼びます。

余談ですが、民放のニュースの場合、キャスターやリポーターが、「こちらのフリップをご覧ください」というシーンがありますね。「フリップ」というのは業界用語。業界に詳しくない一般の視聴者に対して、専門用語を使ってはいけないのです。「こちらの図をご覧ください」「この地図で見ると」と言えばいいだけのことです。

それはともかく、私はキャスターとして、この「パターン」(フリップ)を多用しました。現場の映像だけでは理解できない事件、事故があるからです。

わかりやすい説明とは、相手に「地図」を示すことだと言いましたが、この場合は、文字通り地図を見せるのです。

私が首都圏ニュースのキャスターだったとき、東北・上越新幹線の終点を、それまでの上野駅から東京駅まで延伸する工事の途中で事故が起きました。上野から東京まで地下トンネルを掘っていて、その工事中に道路が陥没する事故が起きたのです。

現場からの中継では、ビルとビルの間の奥に、事故現場があるのはわかるのですが、周囲の全体像がわかりません。そのために地図の出番です。

その場合、どのような地図にすればいいでしょうか（次ページ、図3－1）。

まず大事なのは、視聴者に、自分の住む場所とその現場の位置関係がなんとなくわかった、という感じをもってもらうことです。

いきなり上野駅と東京駅だけの位置関係の図では役に立ちません。上野と東京の位置関係がわかるのは、都内に住んでいる人だけと考えなくてはいけません。視聴エリアは首都圏全体です。

そこで、東京都内ばかりでなく、南は神奈川県の三浦半島、東は東京湾全域が入っている地図を用意しました。これで、群馬県の人にも栃木県の人にも、自分の家から見て南の方向だというのがわかります。その地図に、東京都内の上野駅と東京駅を示し、間に×印を描きます。ここが現場です。

全体像をわかってもらったうえで、今度は東京の中心部の地図を見せます。上野駅や秋葉原駅、東京駅の位置関係がわかります。それから、現場の見取り図です。

地図は原則として画面の上が北。当たり前のことですが、それをきちんと説明します。

「画面の上が北です。つまり上の方角が上野で（これでは駄洒落《だじゃれ》になってしまいますが）、下の方角が東京駅になります。△△通りや○○の建物があって、ここが事故現場です」

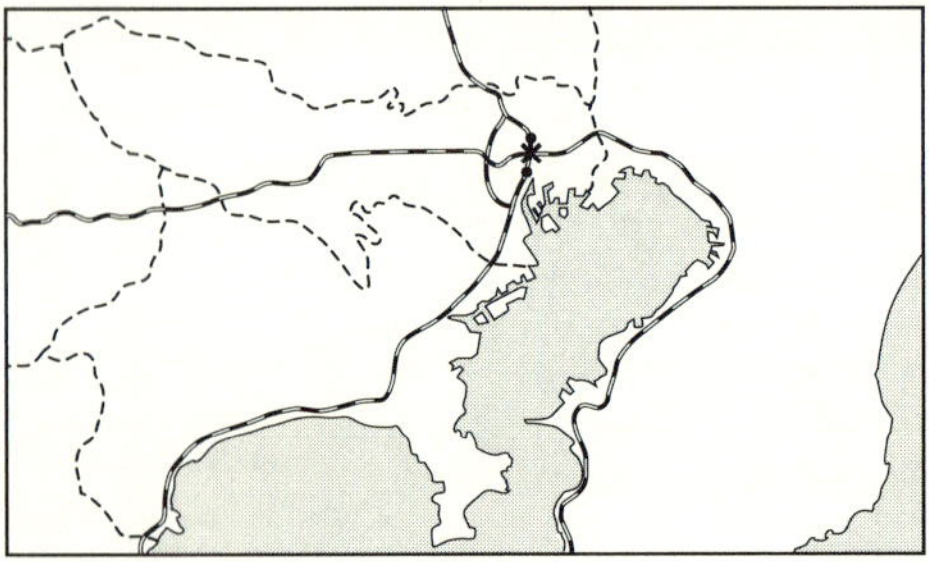

関東地方

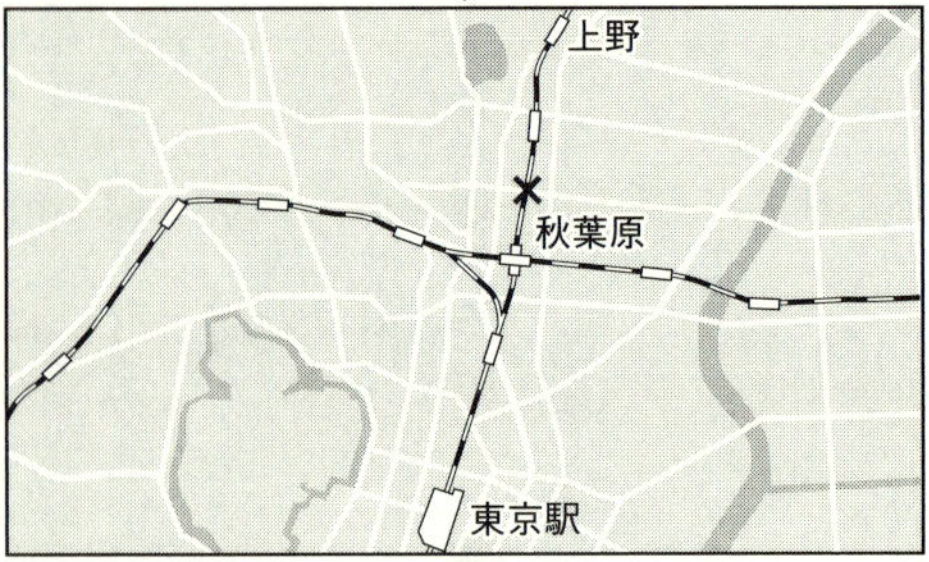

東京駅と上野

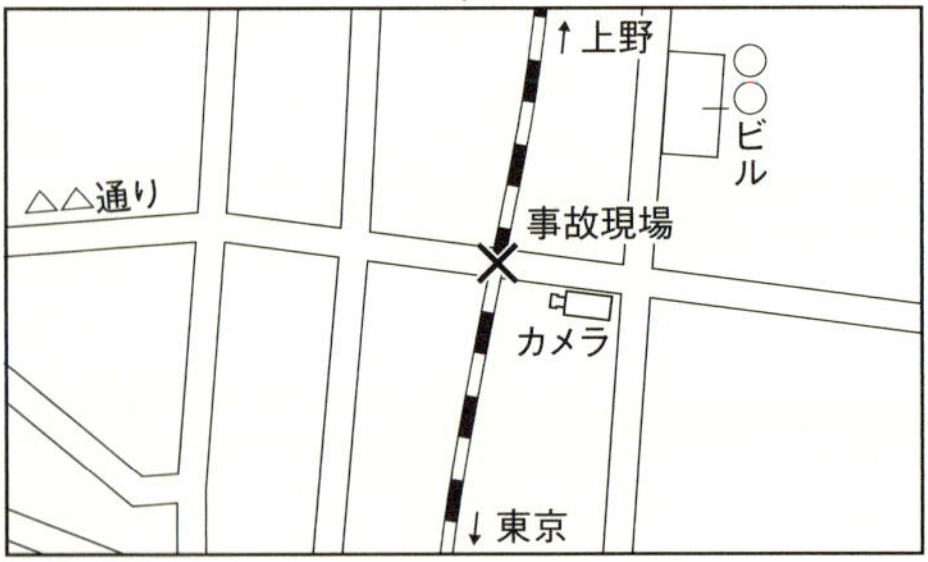

現場付近

図3－1　現場の位置関係を説明する地図

「いま現場に出ているカメラはここから撮っています。いまからここの映像を映します。これをごらんください」

これで、カメラの映像がどちらの方角から撮影しているのか、全体像をつかめます。視聴者はそこで初めて納得して、安心して見ることができるのです。

日本は左、アメリカは右

その後、「週刊こどもニュース」を担当するようになっても、この原則を守りました。たとえば、ヨーロッパのニュースを扱うとします。一般のニュースなら、ヨーロッパのみの地図を出すでしょう。しかし子どもたちは、ヨーロッパがどこにあるのかはっきりわかりません。そこで、ヨーロッパの地図であっても、東の端に（つまり右端に）、日本列島を描きました。

そのうえで、まずは、「はい、ここが日本ですね」と日本列島を指し、「ヨーロッパは、こちらになります」と、西側（左側）に移動するのです。

見ている人にとって「自分のいる場所から見てこのあたりだ」とまず知ってもらうことが大事なのです。

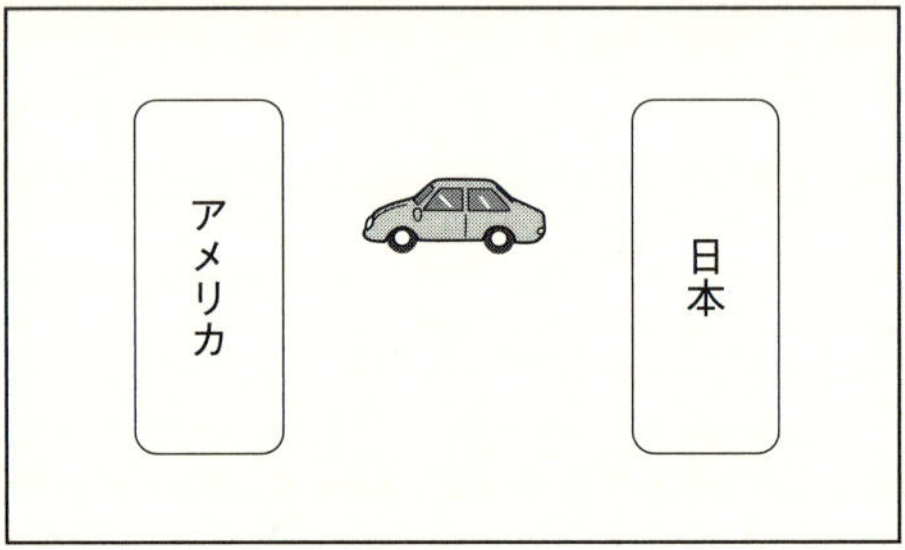

✕ 違和感が残る図

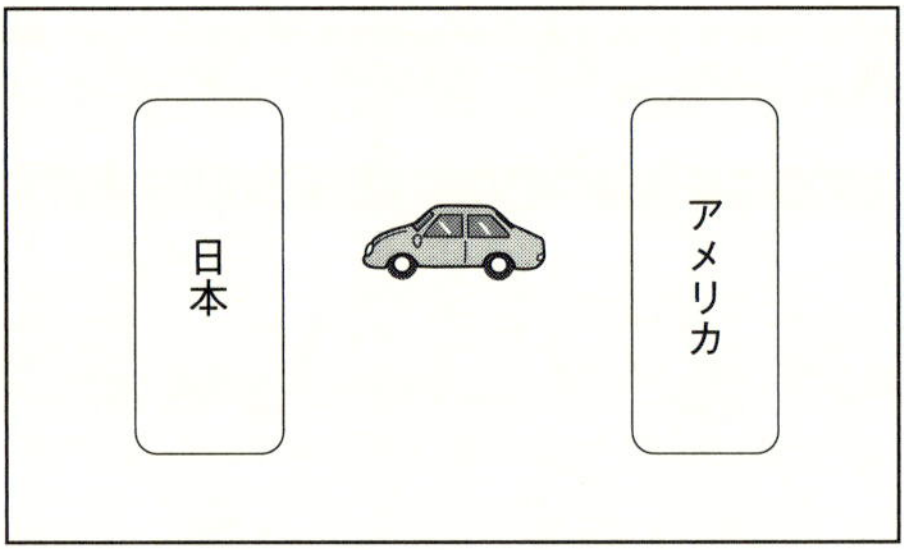

◯ 実際の地図と左右を同じに

図3-2　日米関係を図にすると

図解で気をつけるべき点には、次のようなものもあります。

たとえば、日本からアメリカへの自動車の輸出というテーマを扱うとします。図3－2の上の図のような図解では、見る側に、なんともいえない違和感が残るはずです。どうしてでしょう。

それは、私たちがいつも見る世界地図では、日本が左、アメリカが右になっているからです。日米関係という抽象的なテーマですから、世界地図を出すわけではありません。しかし、私たちは無意識に、「日本は左、アメリカは右」と思っています。図解するときも、この「無意識の認識」を尊重しなければならないのです。

同様に、日韓関係を扱う図解では、日本を右、韓国を左に持ってくる必要があります。

このような例は、細かいことかもしれません。つい見過ごしてしまうことが多いでしょう。しかし、「見る人が違和感なく受け止められる」ということが大事なのです。

これは、図解だけではなく、原稿を書くときにも通じるところがあります。

伝える相手の立場に立って

「視聴者のあなた、あなたはいかがでしょうか」「あなたの立ち位置から見てどうでしょうか」ということを、実際に言葉にはしなくても、念頭において書こう。そんな問題意識を持っていると、原稿の書き方にも反映されてきます。

たとえば、「○○鉄道の料金が上がることになりました」という原稿が出稿されてきますと、キャスターの私は、「○○鉄道をご利用の皆さん、料金が値上がりしますよ」と言い換えるのです。これをリード（前文）にします。

○○鉄道を利用している人にとって、「○○鉄道の料金が上がる」ではどこか他人事《ひとごと》ですが、「○○鉄道を使用している皆さん」と名指しされると、まさに自分の問題として受け止めてくれます。これが、「伝わる」ということなのです。

「常に受け手の側に立って」と考えることによって、相手に「伝わる」表現力が身につくのです。

毎日ニュースの図解を考えていた

「ニュースセンター845」はキャスターが私ひとり。毎週月曜日から金曜日までの生放送です。首都圏ニュースの場合、関東各地の各放送局で取材している記者やカメラマンは、夕方六時のニュースに間に合うように原稿や映像を送ってきます。当時の首都圏ニュースは制作要員が少なかったこともあり、夕方六時の放送は、入ってきたばかりのニュースを伝えるのに精一杯のところがありました。となると、わかりにくいニュースを解説する部分はおろそかになりがちです。

私は原稿読みが上手なアナウンサーではないのに、どうして、この番組に起用されたのかを考えました。その結果、記者ならではの解説が求められているのだろうと気づきました。

夜の八時四五分の放送ですと、夕方入ってきた原稿をゆっくり読み返し、わかりにくい部分を解説することが可能になります。そこでほぼ毎日、原稿のわかりにくい部分を図解して解説することにしました。

ニュースを図解してわかりやすくするにはどうしたらいいか。それを意識するようになったのは、このときの経験がきっかけです。この経験はいまも生きています。民放の番組で「フリップ」を使うとき、視聴者の立場を考えた図を工夫して、担当者に注文することができるようになったからです。

あるいは、ニュースを解説する書籍を書くときも、本文を補足する図解の下書きができるようになりました。

当時は、放送中に、「パターン」の誤字に気づくこともありました。「あっ、字が違っていますね。ごめんなさい」と、その場で書き直したりするハプニングもありました。

こんな対応は、「NHKのアナウンサーらしくない」（当たり前ですね、アナウンサーではないのですから）という視聴者の反応をもたらしました。部内のスタッフからは、「池上さん、字が下手ですね」という反応ばかりでしたが。

間違っていたら率直にその場で謝る。ごく当たり前のことですが、こうして視聴者との距離が縮んだ気がします。

「在宅起訴って何ですか？」

その後、午後六時からの「イブニングネットワーク」という男女のキャスターふたりで担当する一時間番組にも出演するようになりました。

一緒に出演していたアナウンサーは、NHKの職員ではないフリーランスで、知ったかぶりをしない人でした。

それが、私にはよかったのです。

最初に衝撃的だったのは、「東京地検が在宅起訴しました」というニュースのとき。この人が、「在宅起訴って何ですか」と聞いたのです。これには驚きました。

ＮＨＫのアナウンサーなら、たとえ知らなくても、知っているふりをして、そのまま読んでしまうでしょう。この反応には驚きましたが、新鮮でもありました。

「そんなことも知らないの」と言いかけて、はっと気づきました。在宅起訴というのは、司法の世界の専門用語。ＮＨＫ記者はみんなサツ回り（警察担当）から仕事を始めますから、常識になっている用語です。でも、この番組の放映時間の夕方六時台にテレビを見ているのは、家庭の主婦やお年寄りが中心です。おそらく在宅起訴という言葉を知らない人がほとんどでしょう。

そんな視聴者の実態を知らずにニュースを伝えようとしている私たちこそ、「そんなことも知らないの」と言われるべき立場だったのです。

「在宅起訴」という専門用語はやめて、「逮捕をしないで取り調べ、起訴しました」と言い換えました。

それ以来、相方の女性に、いわば「視聴者代表」になってもらい、「この時間の視聴者は、この言葉がわかるだろうか」と常に考えつつ話すようになりました。

「無知の知」が大切

いわゆる「世間の人」にとって、何がわからないのか、それがわからなくなっている自分に気がついたのです。いわば「無知の知」を知ったのです。「無知の知」とは、「自分が知らないということを知る」という意味です。貴重な体験でした。

わかりやすい説明の準備は、相手が何を知らないか、それを知ることから始める。肝に銘じることにしました。

この体験は、その後、「こどもニュース」でも活《い》きることになりました。出演者の子どもたちやお母さん役が「わからない」と言うたびに、自分の「無知」を思い知ったからです。

あなたも仕事のうえで、専門用語を無意識に使っていませんか。相手が大人ですと、わからなくてもわかったふりをして聞いていることがあるので、自分では「相手に理解してもらえている」と勝手に思い込んで説明をしていたが実はまったく伝わっていなかった、ということもあるものです。

かつて、ある農村で学者の講演会があったときのこと。講演会が終わって帰る道すがら、農家の人たちが、「あの先生は、ドジョウが好きなんだなあ」「ああ、ドジョウが大切って、ドジョウの話ばかりしていたからな」と感想を言い合っていました。学者先生は、「農業では土壌《どじょう》が大切」という話をしたつもりだったのですが、聴衆は「泥鰌《どじょう》」のことだと思っていた、という話です。

「わからないのはお前がバカだからだ」

当時は夕方六時から一〇分間の全国ニュースを読んでいたこともあります。放送前に下読みをしていると、ある経済ニュースが、あまりに専門的でわかりにくかったことがありました。私は「視聴者の代表」。これをそのまま読んでも視聴者にはわかりません。「こんな原稿わかんないですよ」と言ったら、経済部のデスクは、こう言い放ちました。

「わからないのはお前がバカだからだ」

これは衝撃的でしたね。たしかに私はバカかもしれないけど、わからないまま読んだって、視聴者がわかるわけはないでしょう。「お前がバカだからわかんないだけだ。いいからこれを読め」では、視聴者にとってわかりやすいニュースになりません。

こういうこと、あなたの職場でもありませんか。あなたの書いた文章を、若い社員が、「これどういうことですか?」と聞いてきたとき、「わからないのは、お前がバカだからだ」と思っていませんか。経験の浅い社員にもわかるような原稿を書けなかった自分が「バカ」なのかもしれないのに。

報道の世界では、視聴者や読者よりも、取材先のほうを向いて原稿を書いている記者がいるものです。わかりやすい原稿を書くと、取材先にバカにされそうな気がして、専門用語を駆使して難解な原稿を書いてしまいます。「私はよく知っているんですよ」と見せびらかすような原稿を書いてしまうのですね。

こんなこともありました。政治のニュースについて、政治部のデスクではなく、ニュースを整理する立場のデスクが、「この原稿を下読みして」と私に持ってきました。読んでみると、視聴者にはとても理解できないことばかり。思わず私は、「デスクは、この原稿が理解できるのですか？」と問い詰めてしまいました。すると、このデスク、「うーん、オレもよく理解できないんだ」。

私は怒りましたね。「自分が理解できない原稿を読ませるんですか。あなたが理解できるように原稿を直してから持ってきたらどうですか」と。

このデスクは、政治部出身ではなかったため、政治部に遠慮があったのでしょう。政治部から出稿された原稿を、そのまま放送しようとしていたのです。

政治部の記者は、取材先の政治家に知らせる原稿を書く。経済部の記者は、中央省庁の役人や財界人が納得するような文章を書く。社会部の記者は、警察官や検察官に認めてもらえるようなリポートをする。

そんなことが日常茶飯事でした。自分は、誰に向かって伝えているのか。この自問自答から、わかりやすい説明は生まれてきます。

「この原稿はわからない。むずかしすぎる」

ニュースセンターで、いつも私は文句を言っていました。もしかすると、その結果、「こどもニュース」に起用されることになったのかもしれません。

本当に理解していればざっくり説明できる

一九九四年から、今度は、子ども向け新番組「週刊こどもニュース」のお父さん役を務めることになりました。

それまでにも、自分なりにニュース原稿をかみくだく努力はしてきたものの、「こどもニュース」の現場では、さらに衝撃を受けました。

「政府は……」と言おうものなら、「政府って何？」。

「官房長官は……」と言えば、「官房長官って何？」。

自分の「ニュースの常識」を、根底から揺るがされました。政府にしても官房長官にしても、みんながわかっていることを前提にしてニュースはつくられています。それを、「政府」や「官房長官」から説明しなければならない。ということは、普通のニュースの難解な表現を少し言い換えるだけで成り立つものではなかったのです。私にとって、驚天動地の経験でした。

自分がそのことを本当によく知っていないと、わかりやすく説明できないのです。なまじ中途半端に知っていると、「あれも言わなければならない、この要素を落とすと正確ではない」と不安になり、ややこしい説明になってしまいがちです。出来事の全体像が理解できていれば、それぞれの要素の価値が評価できますから、大胆に切り落とすことも可能になるのです。

それに気づいたのは、イラク政治の専門家である酒井啓子さん（当時はアジア経済研究所の所属、現在は東京外国語大学大学院教授）に、「こどもニュース」のゲストとして解説していただいたときのことです。

酒井さんは、イスラム教やイラクという国について、本当にざっくりと説明してくださいます。私も、イスラム教やイラクについては、それなりに理解していたつもりですが、酒井さんのようにざっくりと説明するなんて、とても恐くてできませんでした。「え、そんな説明でいいの？」と思うぐらい、子どもにもわかりやすい説明でした。

本当によく理解している人は、こんなふうにざっくりとひと言で説明できるのだなと思いました。

それは、大胆に省略できるからです。何を話すかではなくて、何を割愛するか、ということも大事なこと。全体像が頭に入っていますから、落とすべき要素を選択できるのです。

よく理解していれば、わかりやすく説明できる。わかりやすく説明しようと努力すれば、よく理解できる。この原則に気づきました。

もしあなたが、職場や自分の会社・組織について、わかりやすい説明ができなかったとすれば、それは説明方法が稚拙《ちせつ》なのではなく、あなたの理解が不十分なだけかもしれないのです。そんな問題意識を持ってみましょう。

第4章　図解してから原稿を書き直す

模型で説明してみた

「ニュース番組に模型を使ったのは、『こどもニュース』が最初ですよね」と、ときどき聞かれます。私の認識でいえば、久米宏さんがキャスターを務めた「ニュースステーション」（テレビ朝日系列）のほうが早かったと思います。

ただし、模型の使い方は違っていました。「ニューステーション」の場合、たとえば列車事故なら、電車の模型を動かして、「ここでこうやって衝突しました」と、その現場を再現する、そのための模型でした。

一方、「こどもニュース」では、ある問題や概念を説明するための模型です。たとえば、朝鮮半島情勢が問題になれば、南北が分断されている朝鮮半島の模型をつくり、軍事境界線の北側に北朝鮮軍、南側に韓国軍と米軍の戦車の模型を置きます。この模型を使って、「北朝鮮と韓国、アメリカの間では、いまも戦争が終わっていない。休戦といって、戦争を休んでいる状態なんだ」と説明するという手法です。

「こどもニュース」では、最初から模型を使って説明することが決まっていたわけではありません。この番組は、一週間のニュースを四、五本取り上げ、その中からいちばんわかりにくかった、あるいは大事なニュースをお父さん役である池上が説明する、というゆるやかなコンセプトで始まりました。

一九九四年四月に始まった一回目の放送で、いちばんわかりにくい重要ニュースは、「高速増殖炉『もんじゅ』が運転開始」でした。

「高速増殖炉ってなに？」

子どもには、わからないですよね。いや、大人だってわかっている人はあまりいません。これをどう説明すればいいか。そのためには、まず私が勉強です。

普通の原子力発電所は、非常に単純化していえば、燃料のウランを入れると、使用済みの核燃料が出てきます。ところが、高速増殖炉ではウランとプルトニウムを一緒に燃料として入れると、入れたときのプルトニウムより、出てきた使用済み核燃料の中のプルトニウムの量が増えていきます。つまり、途中でウランの一部がプルトニウムに変化するのです。入れたときよりも出てきたときのほうが増える。だから増殖といいます。

これを知ったことで、「燃料というのは使えば減るはずなのに、使えば使うほど増えるという仕組みが面白い。この概念の面白さを伝えよう」と思いました。

その概念をわかりやすく説明するためには、どうしたらいいだろうか。

よし、模型で説明しよう。概念の説明だから、原子力発電所の精巧な模型は必要ない。

単なる箱を置き、そこにウランとプルトニウムを入れる。反対側から出てくると、入れたときよりもプルトニウムの量が増えている。こんな簡単な仕掛けでいいだろうと思ったのです。いや、むしろ、これぐらい単純にしてしまったほうが、理解が早いのです。

「こういう概念を模型で説明したいんですけど」と相談をしたら、番組のプロデューサーが「そういう模型をつくれるプロダクションがあるから、そこに声かけてみよう」と即断。そこから、「こどもニュース」は模型を使ってニュースを解説する、というコンセプトが確立しました。

わかりやすい説明というのは、複雑な物事の本質を、どれだけ単純化できるかということでもあるのです。

どれだけ「ノイズ」をカットできるか

私がレギュラー解説者になっているテレビ朝日系列の番組「学べる!!ニュースショー!」で、全国学力テストを取り上げたときのことです。全国一斉学力テストが始まったきっかけは、ＯＥＣＤ（経済協力開発機構）が世界各国で実施しているＰＩＳＡ（国際学習到達度調査）のテストで日本の順位が下がったことだ、という説明をしました。その際、「日本の順位が下がった」ことを示す図を用意してもらいました。

ところが、スタッフが用意したのは、各国の順位と点数が掲載された詳細な表だったのです（次ページ、図4－1の上）。

これでは、日本がどの順位なのか、すぐにはわかりません。点数が表示されていると、数字だらけになってしまい、一目瞭然《いちもくりょうぜん》ではないのです。

そこで私は、各国の名前を消し、国名表示は「日本」だけにしました。各国の点数も削除しました（図4－1の下）。こうすると、「日本の順位が下がっている」という情報だけが、視聴者に届きます。

日本以外の国が何位なのか、点数は何点なのか、という情報は、「日本の順位が下がった」という単純な事実を伝えるうえでは必要ありません。これを「ノイズ」といいます。伝えたいことを邪魔する「騒音」でしかないのです。

わかりやすい説明をするうえでは、「絶対に必要な情報」と、「あってもなくてもいい情報」を峻別《しゅんべつ》し、「絶対に必要な情報」だけを伝えること。「ノイズ」をカットした、クリアな情報が必要なのです。

「こどもニュース」では、以降ずっとニュースの概念を模型にするという大原則を守るよ

すべての国名・得点まで入れると見にくい

2003年

	科学的リテラシー	得点
①	フィンランド	548
②	**日本**	548
③	香港	539
④	韓国	538
⑤	リヒテンシュタイン	525
⑥	オーストラリア	525
⑦	マカオ	525
⑧	オランダ	524
⑨	チェコ	523
⑩	ニュージーランド	521

2006年

	科学的リテラシー	得点
①	フィンランド	563
②	香港	542
③	カナダ	534
④	台湾	532
⑤	エストニア	531
⑥	**日本**	531
⑦	ニュージーランド	530
⑧	オーストラリア	527
⑨	オランダ	525
⑩	リヒテンシュタイン	522

日本だけを表示してわかりやすく

2003年

	科学的リテラシー	得点
①		
②	**日本**	548
③		
④		
⑤		
⑥		
⑦		
⑧		
⑨		
⑩		

2006年

	科学的リテラシー	得点
①		
②		
③		
④		
⑤		
⑥	**日本**	531
⑦		
⑧		
⑨		
⑩		

※平均得点を国際比較したもの

出典：文部科学省ホームページ「OECD生徒の学習到達度調査（PISA）」（2003年、2006年）

図4－1　学習到達度調査の結果

うにしました。なまじ精巧な模型ではない分、伝えたい概念を絞り込むことができたと思います。

図解でも「ノイズ」をカット——「みの式」説明法

わかりやすい図解をするうえでも、「ノイズ」をカットすることは大事です。

たとえば、Aという出来事に続いて、Bの出来事があり、その結果Cが起き、さらにDが起き……最終的にこういうことが起きたという概念を図解するとしましょう。こういうとき、要素が最初から全部見えてしまってはいけないのです。いろいろな要素に目がいってしまい、どこを見ていいかわからなくなるからです。

こういうときには、先々の要素をいったん隠しておくのです。これが「ノイズ」をカットする、という意味です。

まずは、一つの要素＝Aだけを見せておきます。「こういうことがありました」と説明したうえで、「すると……」と言いながら、隠しておいたBの出来事を見せます。さらに、Cの要素を見せていくのです。

これは、みのもんたさんが、よくテレビで使う手法です。これがあまりに多いとうるさいのですが、聴衆や視聴者の注意を惹《ひ》きつけるには有効な手法です。

二〇〇九年五月から始まった裁判員制度。素人の裁判員が判決を下すことになり、検察官は、被告を有罪に追い込むためのプレゼンテーションに磨きをかけるようになりました。大きな事件の証拠調べでは、検察官が法廷にボードを持ち込み、有罪を証明する要素を一つずつ見せていく手法をとるようになりました。これも、「みの式」説明法です。

法律に素人の裁判員に対して、検察官の「わかりやすい説明」は危険だという議論もありますが、その是非はさておき、このような説明とは、極力「ノイズ」をカットして、視聴者の注意を惹きつけるという手法なのです。

模型をもとに原稿を作り直す

こうした図や模型を作るためには、その前に、そのニュースについての原稿を用意します。当然のことながら、「伝えるべき概念とは何か」を考えながら、その本質が端的にわかるような原稿にします。

その原稿をもとに、模型の設計図を書きます。というと、いささか大げさですが、要するに、走り書きのようなメモにして、それを模型作りの専門家に説明し、模型を作ってもらいます。

ただ、模型ができたら、そこで原稿はいったん横に置き、模型を使った説明を考え直します。

「こどもニュース」の放送は土曜日ですが、模型ができあがってくるのは前日の金曜日。子どもたちがいないところで模型を見て、スタッフみんなで説明を検討します。

そのときすでに、私の頭の中には、最初に書いた原稿に沿って、「こうやって説明しよう」という流れができています。

しかし、実際に模型をどう動かして見せればわかりやすいかは、映像や子ども番組の作り方に精通したディレクターのほうがプロですから、「ああ、なるほど」と思うことがよくありました。

私が書いた原稿をもとに模型を作りますが、その模型を生かして説明するには、原稿の順番を変えたほうがよいことが多いのです。そこで今度は、「模型を使って説明するための原稿」に書き換える作業をします。そうすることによって本当の意味でわかりやすくなることに、私はこのとき気がつきました。

たとえば、「内閣とは何か」というニュースを扱うとしましょう。最初の原稿は、「そもそも内閣とは、総理大臣と、総理大臣が選んだ大臣たちの集まりのことをいう……」というような内容になるでしょう。でも、スタジオに総理大臣や大臣たちの人形の模型が並んでいれば、説明の順番は変わってきます。

「こちらの模型を見てください。総理大臣がいますね。そして、そのまわりに、財務大臣や文部科学大臣など、いろいろな大臣たちがいます。総理大臣を中心にした大臣たちの集まり、これを内閣というのです」

原稿をもとにして模型を作り、模型を説明するのに合わせて原稿を書き直す。これで初めて、模型も生きてくるのです。

パワーポイントの作り方

原稿→模型→原稿書き直し、という流れは、パワーポイント（以下、この章ではパワポ）を用いた一般のプレゼンテーションの準備にも応用できます。

あなたが仕事などでパワポを使ってプレゼンテーションをするときには、まずは発表用の原稿を書くことでしょう。それをもとに、パワポの図を作りますね。

これで発表の本番に臨んでしまう人が多いのですが、これで終わりではないのです。パワポの内容に即して、説明の原稿を書き直すのです。

そう考えると今度は、「どんな内容をパワポの画面に盛り込むか」を考えることになります。

パワポには、文章を書いてはいけません。文章にすると、聴衆は、画面の文字を読んでしまいます。そんなことなら、そのパワポをプリントして聴衆に配ればいいのです。プリントにしないのであれば、文章にせず、伝えたい要点、キーワードだけを抜き出すのです。

たとえば第1章で述べた「記者時代に学んだわかりやすい説明」という例で説明してみましょう。

まず、「きょうはわかりやすい説明のルールについてお話しします」と言いながら、パワポを見せます。画面には、

「わかりやすい説明のルール」と見出しをつけておきます。そのうえで、
・聞き手に地図を
・対象化

わかりやすい説明のルール

- 聞き手に地図を
- 対象化
- 階層化

図4－2　パワーポイントはキーワードだけに

・階層化

この三つのキーワードだけ書けばいいのです（図4－2）。

これだと、一見何のことかわからないでしょう。だから、聴衆に、「え、何だろう？」と思って見てもらえます。また、これなら、聞き手がメモしたければメモする時間もあります。

このパワポを見せて、

「聞き手に地図を示すということは、あらかじめみんなに何を説明するかという目的地までを示すことです。

対象化とは、考えを一度書いてみたりしゃべってみたりして、自分の考えを外部に出すことを意味します。それによって、自分の考えを客観的に見ることができるのです。

話す内容は、大きく分類したうえで、それぞれの項目の中身を書き出していきます。これが階層化です」

と説明していきます。

分量も、一枚にこれだけで少なすぎるということはありません。

パワポによるプレゼンテーションで大事なのは、ひと目でわかることです。

ありがちなのは、パワポにビッシリ書き込むことです。本人は、「あれも、これも伝えたい」という思いがあってたくさん書き込むのでしょうが、これは逆効果以外のなにものでもありません。聞いている側に「画面を読まなければいけない」という圧迫感を与えてしまいます。発表を聞かずに、ひたすら画面を読むことに注意がいってしまうのです。

これは最悪です。

パワポの文章を読むことに注意がいってしまうと、発表者の説明の声が聞こえなくなります。

発表者がパワポの文章をそのまま読み上げているだけなら、まだついていけるかもしれませんが（それもよいことではありませんが）、そのパワポにもとづいて何か別のことをしゃべっても、その説明は耳に入りません。

口頭での説明が聞いている人にきちんと届くようにするためには、図解はひと目でわかるものにしなければならないのです。

まず基本は、自分の話のキーワードを箇条書きにして、パワポにします。そのうえで、いったん書いた原稿を、パワポにもとづいた説明の原稿に書き直すのです。

そこで初めて、自分が説明すべき内容が整理されます。

このような手順を踏むことには、もう一つ大きな利点があります。

原稿からキーワードを抽出してパワポを作ることで、自分の考えが整理されるということです。これは、先に述べた「対象化」になります。

この対象化をもとに、最終原稿を整理しましょう。

原稿にせずにメモにしよう

いま最終原稿と書きましたが、理想的な発表とは、実は「原稿を書かない」ことです。

原稿を書くと、どうしても本番で読んでしまいます。文章になっている原稿は、かいつまんで話すことがむずかしく、ついダラダラと読んでしまいがちです。

聞かされるほうはたまったものではありません。「原稿を読み上げるくらいなら、その原稿をコピーして渡してくれ。後は自分で読むから」と言いたくなります。

また、読み始めてしまうと、目の前に聴衆がいても、視線はひたすら原稿を追いかけることになります。聞いている側は、自分が無視されているような印象を受けてしまいます。これでは発表の中身が頭に入りません。

また、原稿の文章は書き言葉です。硬くて親しみにくい表現が多くなります。

一方、手持ちがメモだけなら、その場で自分で話し言葉にしなければなりません。その結果、自然な日本語になります。

原稿の棒読みを避けられますから、聞き手の顔を見ながら話ができます。聞き手は、「ああ、自分に対して話をしてくれている」という気持ちになれます。これが大切なのですね。

メモはA４一枚におさめよう

メモの長さは、三〇分までならA４一枚で十分です。

私の場合、一時間半の講演になるとA４二枚半程度です。

メモは、箇条書きで要素を書き出します。一時間半の中で、どういう話から入り、話をどういうふうに持っていって、最後はどういうふうにまとめようかということまでを想定します。

その流れを忘れないようにするためのメモ書きなのです。

そのメモを手元に置いて、話をします。

話しているうちに、「次は何の話だっけ？」と忘れてしまったら、さりげなく視線を下に向けてメモを確認。「あ、そうそう、次はこの要素だった」と、次の話に移っていきます。箇条書きの項目を文章にしながら話せばいいのです。

これなら、ずっと聞き手の顔を見ながら一時間半しゃべっている形になります。大事なことを忘れることもありません。

もう一度、流れをまとめてみます。

まず、ざっと話したい要素を書き出す。

リードを作る。

目次を作る。

一回書いてみる。
どこを図解にすればいいか考える。
パワーポイントを作る。
パワーポイントにそった原稿に書き直す。
その原稿を箇条書きのメモにする。

ここまでやれば、大丈夫。あなたの発表は成功間違いなしです。
一度、このやり方でうまくいけば、あなたの自信につながります。

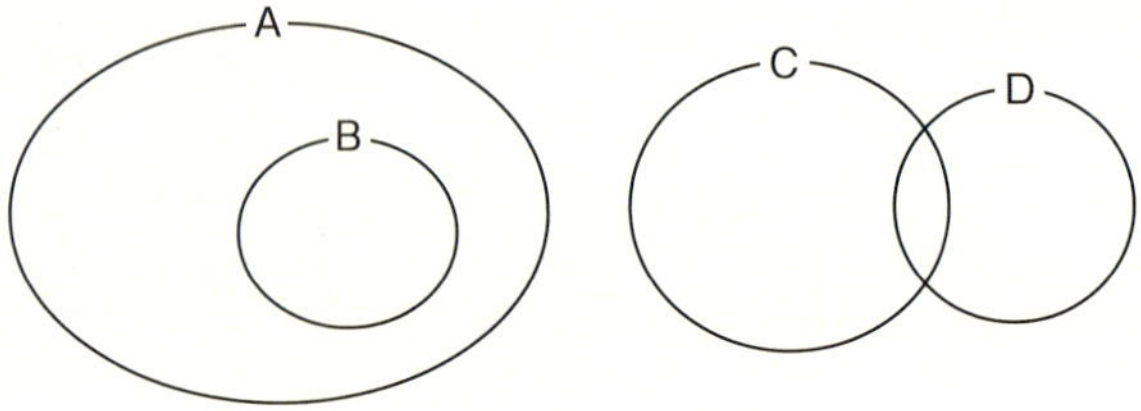

図4－3　集合の図（ベン図）

コラム　1　ざっくりした概念図はホワイトボードで

プレゼンテーションや講演などは、パワポなどのデジタルな技術によるものが大部分ですが、会議などで、「要するにこういう話です」とざっくりと説明したいときがあります。

そのようなときには、ホワイトボードに、丸や四角などを使った図解で、ざっくりした概念として伝えると効果的です。

図4－3は、いわゆる集合の図、ベン図です。

このベン図は、抽象的な位置関係を示すのに便利でわかりやすい図です。

「こういう話Bがあるのですが、それはこの全体Aの中の、このような要素なんですよ」「だから、このAの中に含まれるのです」という話がひと目でわかります。

あるいは、「Cの要素とDの要素がありまして、ここが重なっています。ここの部分は二つの要素を備えているのです」と見せるだけでも、ずいぶん聞き手の反応は違ってきます。

物事を説明するときには、抽象化することが非常に重要ですが、ホワイトボードに手書きなら、準備をしていなくても、その場で行うことができます。

講演などでも、質疑応答や補足説明の際、ホワイトボードを使って「要するに～です」と説明することで、理解してもらいやすくなります。

コラム　2

すごろくパズルで図解する

図解の応用編も紹介しましょう。

たとえば、ある事件の容疑者を割り出すという図解をするとします。このとき、すごろく風にパズルの原理を使うのです。たとえば、次のように（図4－4）。

まず、一般論として、犯罪事件の捜査というのはさまざまな証拠をつなぎ合わせて、全体として一つの絵をつくるようなものですと説明します。

「強盗事件が起きました（1）」

「現場に、犯人の指紋が残されていましたが、指紋からは、犯人がわかりません（2）」

「ところが、犯人のコートも残されていました（3）」

と、一つずつの項目をパズルのようにはめ込み、「絵」を完成させていきます。

「コートを調べると、クリーニング店のタグがついていました（4）」

「そのクリーニング店に行って調べると、Aという人物がクリーニングに出したものであることがわかりました（5）」

「Aという人物の家を割り出し、Aが触った物を調べて、Aの指紋を検出します（6）」

「その指紋を、犯行現場に残されていた指紋と照合すると、一致しました（7）」

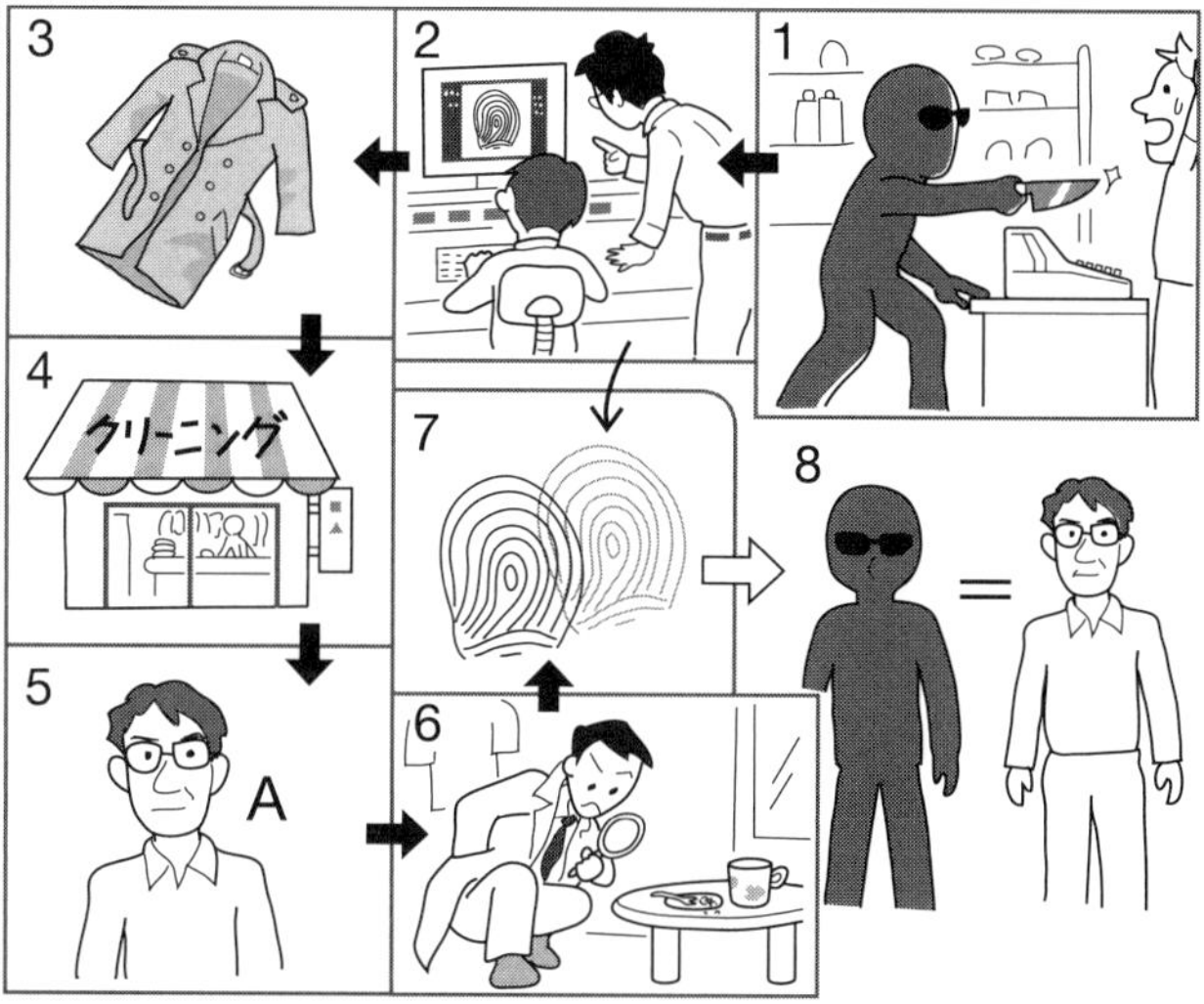

図4－4　すごろくパズルで図解

「だから、この事件の容疑者はAだと警察は考えたのです（8）」

このように、パズルの一片一片をはめ込んでいくと、全体として、Aという人物が強盗事件を起こしたという絵が完成します。

この手法は、このような事件以外でも使えます。

たとえば、「ある発見によってもたらされた知見」について説明する場合も、通常ならパワーポイントで、Aがあり、Bがあり、こういう知見が得られた、ゆえにこういうことが言える、といったような内容の箇条書きで説明するところでしょう。しかし、遊び心を出して、「Aということがわかり、Bがわかりました。そのわかったパズルを当てはめていくと、全体でこういう絵が描けます」というプレゼンテーションも可能です。

後者のほうが、箇条書きよりは、はるかに興味を持って見てもらえるでしょう。

コラム　3

矢印の使い方もピンからキリまで

私たちは図解するとき、矢印をよく使いますね。矢印は便利で、無造作に使われることが多いのですが、使い方によって効果は大きく違います。間違った使い方は、かえって図をわかりにくくしてしまいます。

矢印にはいくつかの種類があります。

たとえば、「因果関係」の矢印は、「こういうことがあり、それによってこのような事態が起こり、その結果こういうことになりました」という矢印です。

「時間経過」の矢印は、「ある出来事が起きました。その後、何年か経った後で、こんなことが起きました」という場合に使われます。

また、商品やお金などの「移動」を示す矢印もあります。

因果関係の矢印と時間の流れの矢印、それに物の流れの矢印を、ごっちゃにして使うと、わかりにくくなります。図が論理的でなくなるのです。図解の効果もそがれてしまいます。ある出来事が起きたからこういう結果になったのか、単に時間が経ったからこういうことが起きたのかという点が曖昧《あいまい》になってしまいます。

そこで、矢印の種類ごとに、色や太さなどを変えて、区別して図示しましょう。

これはとてもシンプルなルールですが、言われなければ気がつきにくい大事なルールです。

第5章　実践編　三分間プレゼンの基本

ここまでに述べてきたことを踏まえて、この章では、簡単なプレゼンテーション原稿の例を見ていきましょう。次の原稿Aは、ある企業における社内会議短縮についての提案です。

① 原稿の内容を検討して、

② そのあとで、どう図解化（パワーポイントに）したらいいか、考えてみます。

シンプルな例ですが、どのように直して、図解化すればよいか、考えながら、まず読んでみてください。

●原稿A 「社内会議の短縮を提案する」

〈説明者〉一〇〇〇人規模の会社の「社内改善プロジェクトチーム」担当者

〈内容〉「社内会議を一時間までに効率化する」方針案についての各部署への説明

こんにちは。

社内改善プロジェクトチームの佐藤と申します。

これから、当プロジェクトの来年度最初の提案「社内会議を一時間までに効率化す

る」方針案について、時間を三分間いただいて説明します。

まず、当社の現状について報告します。

今年の一〇月の一ヵ月について、全社調査を行いましたところ、平均会議時間は一回一時間三五分。主任以上の会議出席回数は平均八・三回。議題に結論が出ずに次回持ち越しとなった会議が五三パーセントです。

昨年も同様の調査を行いましたが、昨年のデータでは、会議時間は一時間四三分、出席回数は六・七回、結論が次回持ち越しの会議は四五パーセントでした。昨年も「会議短縮」の呼びかけは局長会議や社内報などで行ってきましたが、会議時間については、若干短縮されたものの、会議の回数は、増加しています。

この原因としては、ウェブ広告施策の見直しや、新製品数の増加、今年初めの機構改編による部署間の調整なども理由に考えられますが、恒常的な会議の増加はここ数年続いています。

同業他社に比べると、おおよそ当社は平均的と思われます。

しかしながら、先日の全社アンケート（複数回答）によれば、「会議が長すぎる」三四パーセント、「やや長すぎる」一五パーセント、両者を足すと約半数が、会議の長さに問題を感じていることがわかりました。

また「会議が他の業務に支障をきたすこともある」は三五パーセント、「資料作りなどで残業が増える」が二四パーセント、「会議に代替できる手段としてウェブが有効活用されていない」も三二パーセントありました。このような意見からも、会議時間の見直しや効率化が、会社の生産性アップ、社員全体のモチベーション・アップにつながると思われます。

個別ヒヤリング調査（八〇名、二〇代〜五〇代を各二〇名）も今年は行いましたが、このような意見以外にも複数あげられた意見は、以下のようなものです。
・会議に午後の時間をとられて、外出予定を入れにくい。
・結論の出ない会議が多すぎる。
・ブレーンストーミングという名目で、ガス抜きのような会議が結構ある。
・資料が多すぎる。資料の説明に終始している。
・発言者が決まった数人に限られる。
・連絡会議が多い。
・会議の準備やしわ寄せの残業がここ数年増えた。

・他部署で進行中のプロジェクトなどについて情報が共有されていないため、決定した事項も生かされにくい。

つきましては、このような調査結果と、この分野では一〇〇社以上の実績を持つB社のコンサルティングを踏まえ、「会議は一時間までに必ず終える」改革案を提案します。社内での理解を得て徹底をはかるために、資料と細目づくり、各部課長への説明会実施のプロセスを経て、来年二月から実施をめざします。

そのための方策としては、以下の四点を考えます。

1　会議資料は事前に配付する。
2　情報ツールとして社内メール、各セクションの共有ファイルを活用する。
3　議事録には時間も明記する。
4　必ず「結論」を出す。

以上の方策により、平均一時間、月五回までの会議を目標とします。

来年二月からの実施後は、六ヵ月後にフィードバックを行い、実施後一年で完全な定着をめざします。

これによって見込めるコスト削減効果は、平均一時間コスト二〇〇〇円×年間のべ七〇〇〇時間で、年間一四〇〇〇万円の人件費削減が可能となると算定されます。また同時にネットによる効率的な情報共有化、モチベーションの向上をはかることで、プラスアルファの効果を見込んでいます。

具体的な実施要項について、これから詰めた後、一月の部長会議で詳細をお願いすることになります。

社員の皆さまのご協力のほど、どうぞよろしくお願いいたします。

1 原稿はこう改善しよう

〝つかみ〟をもっと工夫しよう

第1章で「目的地のわかる地図を聞き手に渡そう」と述べました。この原稿では、目的地は「社内会議を一時間までに効率化するという提案をします」というリード（前文）として示されています。

「時間を三分間いただいて説明します」ということで、目的地と到着時刻もわかります。

ただ、最初の部分に、「一時間効率化するとどんなメリットがあるのか」という部分まで入れてしまってもいいのではないでしょうか。

つまり、最後に「これによって見込めるコスト削減効果は年間一四〇〇万円の人件費削減」とメリットに触れていますが、これは最初に持ってきたほうが〝つかみ〟になります。また、どうしてこの短縮案を実行する必要があるのかも、明確になると思います。

冒頭は「来年度最初の提案、社内会議を一時間までに効率化することで、年間一四〇〇万円の人件費削減が可能になるという話をします」とします。

もっとつかみを重視するなら、「来年度についての社内プロジェクトチームの最初の提案は、年間人件費を一四〇〇万円削減できるという話です」と言い切ってしまいます。これはインパクトがありますから、みんな「何を言い出すんだろう」と興味を持ってくれます。そのうえで、「それは、社内会議を一時間までに効率化すればいいということです。具体的にどういうことか、これから三分間で説明します」と続ければよいのです。

こんなに具体的な効果があるんですよと最初に伝えることによって、報告の目的が明快になりますし、「人件費削減」という言葉は印象的ですから、聞いている人は、「え？」と関心を持ってくれます。

そこから、現状の分析に入ります。

最初に一四〇〇万円削減になりますよという話をつかみにしたら、結びにも、こうこういうことですから結果的に一四〇〇万円の削減ですよともう一度触れます。

この一四〇〇万円という数字は、言ってみれば理論上の金額ですし、本当に一四〇〇万円削減されるという意味ではありません。ただ、最初に具体的な数字をあげて、「これだけ削減されますよ」とつかみで言うことには、大きな効果があります。

きょうは何を提案するかということを示すことによって、地図でいえば目的地を示す。そのために三分ですよ、あるいはこういう話をいたしますと言って、そこまでの道筋と到着時刻を示します。

改善案を出すのなら、現状はどうなっているのか、何が問題なのか、去年に比べてどうなのか、あるいは同業他社に比べてどうなのかなどを示すことによって、自分たちの現在地もはっきりします。

街頭の案内地図を見るときを考えてください。まず探すのは、自分がいる現在地ですよね。それがわかって初めて、目的地も見えてくるということです。

数字のデータは身近な表現に

細かく見ていきますと、たとえば「主任以上の会議出席回数は平均八・三回です」とあります。週休二日の会社なら、ひと月の出勤回数はざっと二三日。八・三回なら、三日に一回のペースになりますね。そこで、「八・三回、つまり三日に一回です」と、ピンとくる具体的な話にしたほうがいいでしょう。

次に、社員のアンケートの中で「会議が長すぎると思っている人が三四パーセントです」と言っていますが、これも、「つまり三人に一人はもううんざりだと感じている、ということなんです」としてみてはどうでしょう。

単なるナマの数字からもう一つ、さらに置き換える工夫も大事です。

たとえば、この会議に一二人出席していたとすると、「今ここの会議に一二人いますから、四人はうんざりしているということですね」と。

そこまで具体的に言うと、たぶんクスクスと笑いが出てくるでしょう。「あ、そりゃそうだよね。何とかしなければ」と。単なる一般論ではなくて、その会議にいる人の数を見て、「何人が」と言い切ってしまったほうが親しみも持ってもらえますし、具体的にわかりやすい。これはプレゼンテーションの基本です。

2　図解の方法を考えてみよう

パワーポイントは一枚四〇秒で見せていく

もしこの三分間の話にパワーポイント（以下、この章ではパワポ）も用意するなら、枚数は三枚が適当でしょう。

時間配分を考えてみましょう。

冒頭の挨拶などがありますから、実際にパワポを見せて説明するのは二分三〇秒ぐらい、つまり一五〇秒です。三枚にすれば一枚当たり五〇秒になります。それよりは、少し余裕を持って、一枚につき四〇秒分のコメントを言えばいいでしょう。

四〇〜五〇秒で一つのパワポを見せていくと考えれば、三分で使えるのは最大三枚です。慣れていない人は、五枚も六枚も詰め込もうとしますが、いけません。極力余裕をみることです。パワポの画面を切り替える操作の時間も必要なのですから。

最初の挨拶と最後のまとめにはパワポは使いません。その部分を引いた実質の説明時間

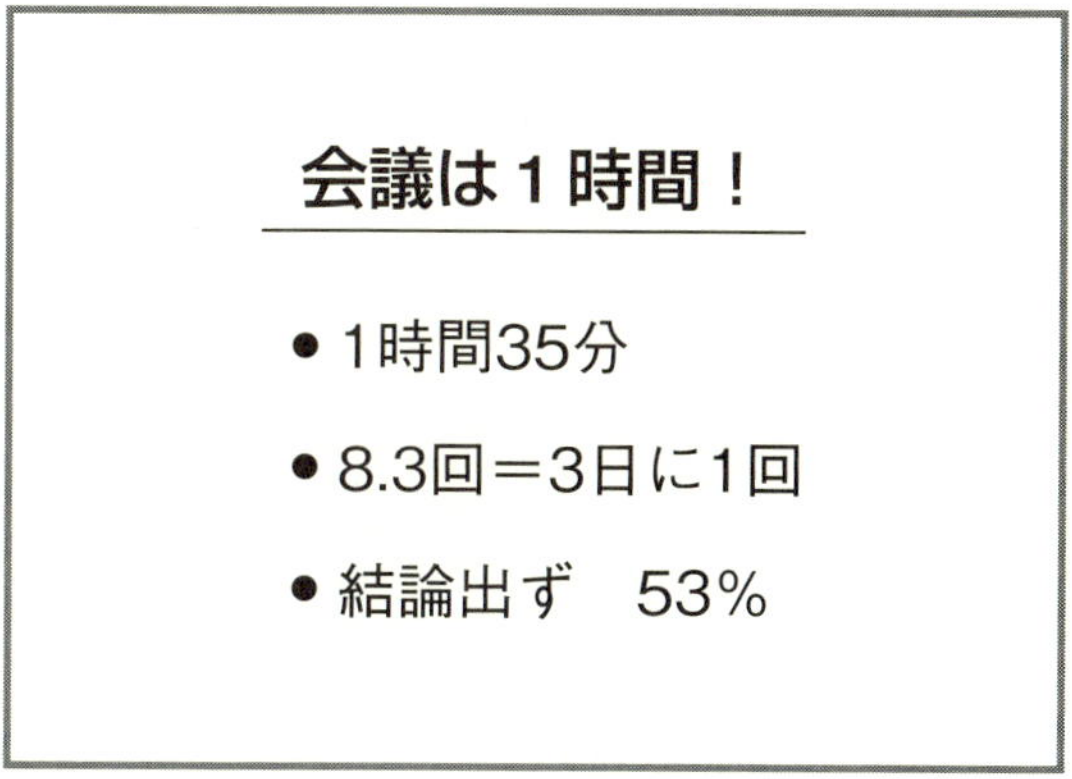
会議は１時間！
• 1時間35分
• 8.3回＝3日に1回
• 結論出ず　53%

図５－１　パワーポイント①

で話せることは、どのくらいでしょう。少なくとも一枚三〇秒から四〇秒は必ずかかります。つい詰め込んで、五枚、六枚になってしまうと一枚当たり二〇秒になります。二〇秒だと、聞いている人がまだ読み終えないうちに、次のパワポに行かなくてはいけなくなります。

どの要素をパワポにするか

次に、具体的にどの要素をパワポにすればよいのでしょうか。

一枚目では、話の目的地を示さなければいけません（図５－１）。

パワポには、一枚ずつ見出しをつけます。内容の要約で、見出しになる言葉を考えます。見出しも「社内会議を一時間までに効率化する」

と書いては失敗です。「文にしない」のがパワポの鉄則だからです。パッと見でわかる形にしないといけません。

私なら一枚目の見出しは「会議は1時間」として「！」をつけます。口頭では「社内会議を一時間までに効率化するという方針案をご説明します」と述べます。

パワポには次のように現状を書き出します。

・1時間35分
・8・3回＝3日に1回
・結論出ず　53％

一枚の分量はこれぐらいで十分です。

いろいろ要素を見せたくなりがちですが、たとえば、去年との比較の話はパワポにはいりません。このパワポを見せながら、去年はこうでしたとか、同業他社はこうですよとかいうことは口頭で言えばいいのです。

長い会議で被害！

- お客さんに会えない
- 単なるガス抜き⁉
- 資料の説明だけ

図5−2　パワーポイント②

二枚目では、現状の結果、何が起きているかを示します（図5－2）。

二枚目の見出しは「長い会議で被害！」。

まず被害の一行目ですが、

・お客さんに会えない

「外出予定を入れにくい」と、原稿の文章と同じことを書くのではなく、「それって、どういうことだろう」と考えていくと、要するにお客さんに会えないということだとわかります。そこで、パワポの画面には、「お客さんに会えない」と書けばいいのです。

実際のプレゼンテーションでは、このパワポを見せながら、「会議に午後の時間を取られて外出予定を入れにくい。つまりお客さんに会えないということです。お客さんあっての会社なのに、これでは本末転倒です」という話にできます。

第4章の模型の例で述べた「図解する（ビジュアル化する）ことによってさらにポイントが整理される。図解したら、前の原稿はボツにして、その図解（パワポ）を説明する文章に書き換える」とは、このようなことです。

最初の原稿が叩き台だとしたら、それを踏まえて、パワポを示しながら、説明の文章を一段高めて、よりわかりやすくしていくわけです。

「ブレーンストーミングという名目で、ガス抜きのような会議が結構ある」は「単なるガス抜き」としてはどうでしょう。表現が強すぎると思ったら、「!?」のマークをつけてトーンを少し和《やわ》らげます。

「資料の説明に終始している」「発言者が決まった数人に限られる」「会議の準備やしわ寄せの残業がここ数年増えた」は、前ページの図5-2のようになります。

口頭では、「このような、わが社にとって大きな被害が、実は出ております。本来の仕事をうまく進めようとやっている会議が、かえって業務に大きな被害を与えているという実態があります。これを何とか変えなければいけません。では、どうしたらいいか」と述

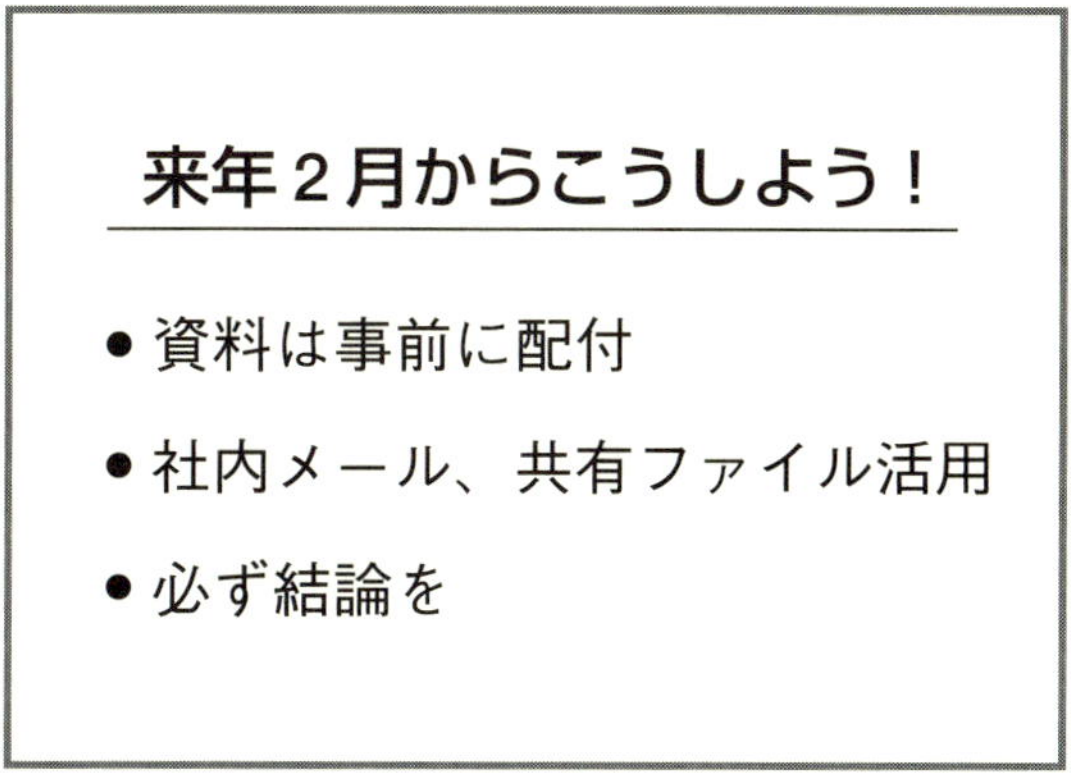
来年２月からこうしよう！
● 資料は事前に配付
● 社内メール、共有ファイル活用
● 必ず結論を

図５－３　パワーポイント③

べます。

三枚目は結論部分です（図5－3）。

見出しは「来年2月からこうしよう！」

どんなパワポを作ればいいのか考えることによって、発表内容が整理されます。とりわけ一枚ごとの見出しを的確につけられれば、説明内容も、着実にシンプルになります。

・資料は事前に配付

ここは、「会議資料は事前に配付する」と原稿通りの形でパワポにも書いてしまいがちです。短いシンプルな文だからです。しかしここも、原則にしたがって、文の形は避けましょう。たとえ短くても、文だと、聞き手がパワポを「読んでしまう」からです。読み始めると、発表者の声が耳に届かなくなります。一方、メモの形なら、それを見ながら話を聞くことができます。

ですからここは文にしてはいけません。口頭では「会議資料は事前に配付する」と述べながら、パワポには「資料は事前に配付」でいいわけです。

「情報ツール……」は、「社内メール、共有ファイル活用」とすればいい。

「議事録……」ですが、これは「具体的に記録することによって時間感覚を持ってもらう、またチェックする」ためのアイディアと思われます。性格がやや異なる項目です。これは、四番目にあげている、「必ず結論を……」と順序を入れ替えましょう。

そして、四番目の項目（「議事録……」）はあえて落として、ポイントを三つに絞るのです。

・資料は事前に配付
・社内メール、共有ファイル活用
・必ず結論を

さらにもし加えるなら、先ほど割愛した部分を次のように生かしてもいいでしょう。

・P.S. 議事録に所要時間を！

つまり、四つ言いたくても、無理やり三つにするのです。

あれも言いたい、これも言いたいとなりがちですが、きりのいい「三つ」に絞りましょう。「三」という数字の効果については、第7章であらためて述べます。

もし言いたいことがあれば、パワポには含めず、三項目を説明したうえで、「追伸がございます」とやります。ユーモラスに聞こえて笑いがとれますし、場がなごみます。

「三つの項目に組み立てて、パワポの見出しは文章にしない」

この大原則によって、どんなプレゼンテーションでも、かなりわかりやすくなります。

三分間を時間配分するとしたら

制限時間三分という場合、一分・一分・一分に分けて考えることができます。

最初の「本日はこういうことを三分で説明します」という部分で、三〇秒はかかります。最後の結論、「ですから、結論としてはこういうことが言えます」でまた三〇秒、両方で一分とられます。残りは二分です。

二分の中でパワポを三枚。二分は一二〇秒ですから、一枚あたり四〇秒になります。四〇秒で一枚ずつ話をしていけばいい。ということは、「では、パワーポイントをごらんください」と最初のパワポを示して四〇秒経過した時点、話の冒頭から一分一〇秒後をめどに次のパワポに行けばいいわけです。次は一分五〇秒で三枚目に行き、二分半経過したところで最後の結論に行く、という段取りになります。

ただ、正確に言うと、一枚を四〇秒で見せる場合、次のパワポに切り替える時間が、前後で五～八秒取られます。ですから、四〇秒といっても、実際に説明する文章は三〇秒分で考えなければいけません。パワポを一枚見せて、三〇秒で説明できるようにすればいいのです。第2章で、映像に原稿をあわせる際は若干短めに原稿を作る、と述べましたが、それに似ています。

パワポを説明する部分については、四〇秒見せるなら三〇秒分のコメントを作る。三分のプレゼンテーションで三つ見せるときに、必ずつなぎの空白の時間があります。そのゆとりや間《ま》を入れての三分だと考えます。つまり「実質しゃべる内容は二分四〇秒」と考えて作ればいいのです。

3　リハーサルして再調整

リハーサルで時間をはかる

さて、これで準備は万端でしょうか。

いいえ、そうではありません。一度はリハーサルしてみないと、実際に予定通りいくかどうかわかりません。

時間配分の感覚を身につけるには、会議に出る前に一度リハーサルしてみることです。理想を言えばストップウォッチではかってみることですが、時計でチェックしてもいいでしょう。

最初は原稿を作ると、どうしても長くなります。三分のつもりで原稿を作ったはずが五分半かかったりして、びっくりするものです。最初から三分できっちりおさめるほうが無理なのです。いったん作ってみて、オーバーしていたら、どこを削ればいいだろうというふうに考えましょう。

原稿Aも、三分を念頭に書かれたものですが、時間をオーバーしそうですね。

原稿を短くしてみよう

では、原稿Aをどのように三分におさめるか、考えてみましょう。

現状を述べた後、去年のデータをまた具体的に示しています。これはいりません。「平均八・三回です。去年に比べて会議時間は減りましたが、会議の回数は実は増えています」というざっくりした伝え方でいいのです。

アンケートの結果も紹介していますが、この部分が二つに分かれています。

1 会議が長すぎるという人がいる

2 具体的にこんな問題がある

これを一つにまとめます。「会議がやや長すぎる」が一五パーセントで、「両者を足すと約半数が」という部分が、くどいのです。まず、「アンケートの結果、三人に一人は会議が長すぎると感じています」と述べたら、その後に、具体的な問題点を、先ほどの「三のルール」を使って、コンパクトに三つあげてみてはどうでしょうか。

そして、「その結果こんなことが必要ですよ」と三枚目のパワポ＝結論部に移ります。もう一度繰り返しますと、「こんなことをやりますよ」という導入があり、

1　現状
2　問題
3　提案

このように、全体を三つのブロックに分け、それぞれのブロックをさらに三つに分けて説明をしていくと、整理ができて、非常にわかりやすくなります。

実際の発表にあたっては、目に入る位置に時計を置いておきましょう。置時計でもいいですが、もし自分の腕時計で時間をチェックしようと考えるなら、腕時計は必ずはずして机の上に置きましょう。腕時計をしていると、話の途中で腕を見る動作をすることになり

ます。すると、聞いている人たちも時間が気になり、一斉に自分の腕時計を見ることになってしまいます。聞き手に時間を意識させてはいけません。時間を意識すると、「この人の話は長いなあ」という気になってしまうからです。

話の途中で、まるでメモでも確認しているかのようなポーズをとりながら、机の上の時計を見て、時間経過を確認します。「この時間には、この話まで」という目安をつけて話し出せば、時間内に発表をおさめられます。

4　上級編にも挑戦してみよう

原稿を本番用メモに変える

第4章で、「本番では、できれば原稿でなくメモを見て話すのが理想」と述べました。プレゼンテーションを全部文章にすると、どうしても読んでしまいます。

「えー、これから、当プロジェクトの来年度最初の提案、社内会議を一時間までに効率化する方針案について、時間を三分間いただいて説明します」

● 最初の提案

・社内会議を1時間までに効率化

・3分で説明

● ○○○○○○○

・○○○○○○○

……

図5-4　本番用メモの例

と読んでしまうのです。

そこで、原稿を文章ではなく、図5-4のようなメモのスタイルにします。それを見ながら、文にして話せばいいのです。

「今から〝社内会議を一時間に効率化する〟というお話を、三分間いただいてご説明申し上げます」

また、少し遊び心を加えるなら、パワポをこう使ってはどうでしょう。

三枚目（119ページ、図5-3）の説明の最後に、「こうなると」と言ったうえで、画面全体を埋め尽くすような大きな字で、「1400万円削減か！」、あるいは「残業時間が○○時間減る！」とひと言バーンと打つのです。笑いを誘って終われるかもしれません。

このようにある種の遊び心を少しきかせると、優れたプレゼンテーションになると思います。

パワポは一行ずつ読ませたい

パワポを使う際、もし可能であれば、最初から三項目を全部示さずに、小出しにしてはどうでしょうか。

「来年2月からこうしよう！」という見出しだけがまずある（図5－5）。「どういうことでしょうか。まずは」というセリフのあとに「資料は事前に配付」と画面にあらわれ、それについての説明。続いて二番目の「社内メール、共有ファイル活用」があらわれる。「そして」というつなぎ言葉のあとに最後の「必ず結論を」。

時間の余裕があれば、「ということです」という結びのあとに「追伸としてもう一項目」と言うと、「議事録に所要時間を！」があらわれる。

このように、一行ずつ話の流れに沿って出てくる演出は非常に有効です。これは、まさに「みの式」プレゼンテーションです。フリップの内容を最初から全部見せてしまうのではなく、視聴者には一ヵ所だけ読めるようにして、他を隠しておくテクニックです。

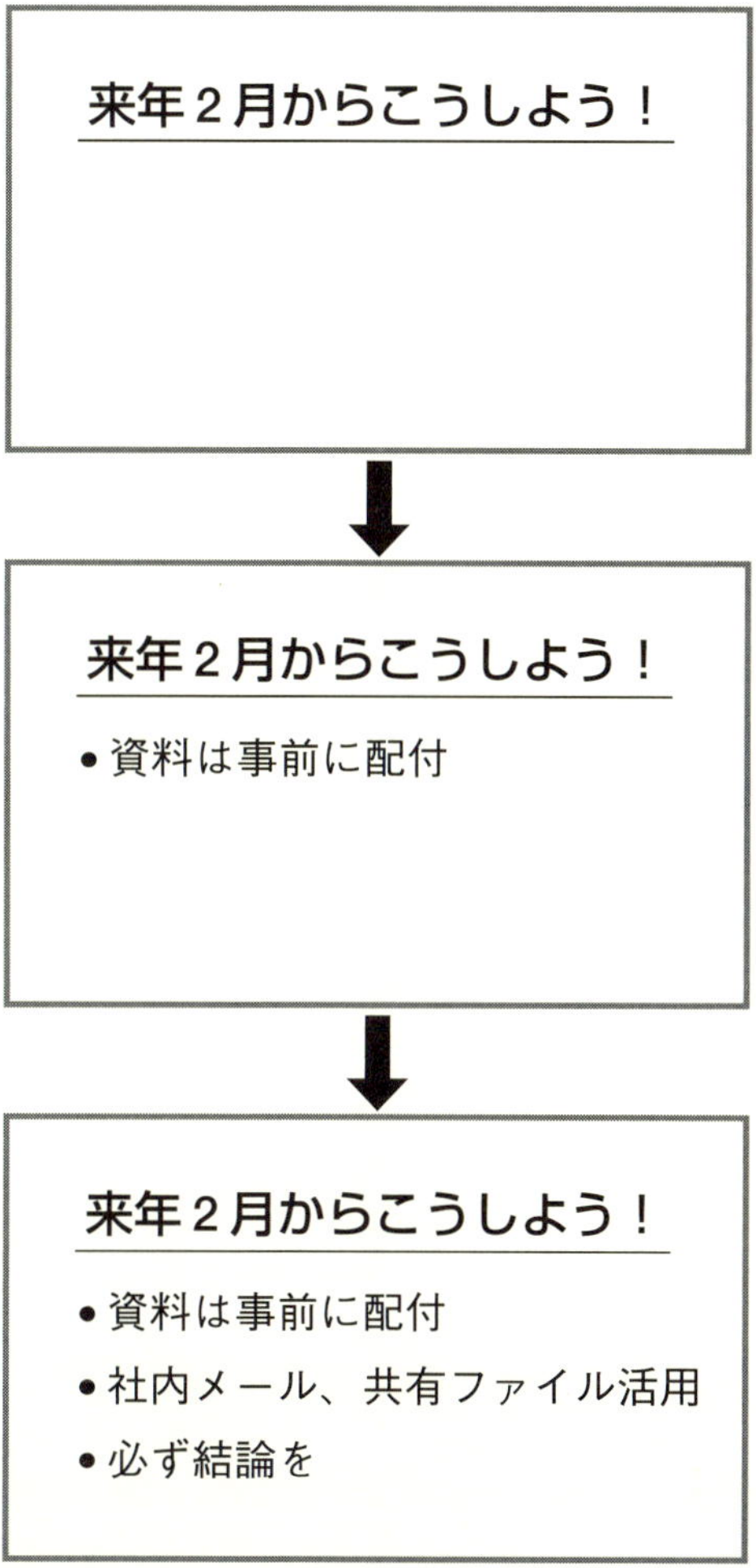
来年2月からこうしよう！
来年2月からこうしよう！
•資料は事前に配付
来年2月からこうしよう！
•資料は事前に配付
•社内メール、共有ファイル活用
•必ず結論を

図5-5　1行ずつ見せる工夫

「ここを見てください、これです。で、それは」と言って、隠していた箇所をペロッとめくって話を進めていきます。それによって、視聴者に、話の順番に沿って、注目してほしい部分だけ見てもらうということが可能になります。

みのさんの場合、「つまり……」と間をとって一瞬ためます。そのあいだ、見ている側は、ある種じらされている状態におかれます。「何なの？」と、視線や関心が集中するのです。

わずかな間をとることで、注目してもらえる。「それは、これです」というセリフと同時にフリップに言葉があらわれて、「あ、そうなんだ」となります。

「というのは……」、ピッ「これです」と言う、これぐらいの間ですよね。じらして効果を高めようという高度なテクニックです。

パワポなら一秒から一・五秒ぐらいです。

この章では、いままでの復習の意味で発表の例を添削してみました。基本的なことばかりですが、もっと複雑なプレゼンテーションにも応用できることをお話ししたつもりです。より具体的な「わかりやすさのコツ」については、第7章以下でお話ししていきます。

第6章　空気を読むこと、予想を裏切ること

「池上さんはどう思いますか？」

ＮＨＫを辞め、独立してまもない頃、ある民放の情報番組に、コメンテーターとして出演していたことがあります。

そこでほろ苦い経験をしました。

それは、「これについて池上さんは、どう思いますか」と、私の個人的な意見をたびたび聞かれることでした。

テーマが政治的に対立している問題だったりした場合、「こんなことにコメンテーターが一方的な意見を言ってもいいのだろうか」と迷ったからです。

ＮＨＫの場合、問題点や対立点の解説はしても、解説者自らが、「私はこう思います」などと個人的な意見は言わないという大原則があります。放送で解説はするけれど、判断するのは視聴者。視聴者がそれぞれの意見を持ってください、というスタンスだからです。

番組で、「池上さんはどう思いますか？」と聞かれた当初は、戸惑うばかり。その場で、その問題について解説をしようとするのですが、キャスターは、そんなことでは満足しません。私個人の意見を求めようとします。

そんなことは、私が語るべきことではない、というのが、私の当初の反応・判断でした。しかし、その一方で、あることに気がつきました。

それは、私がＮＨＫに在籍した三二年間、「自分の意見は言わないように」と封印してきたことで、「自分の意見」を持たなくなっていたのです。持てなくなっていた、と言っていいかもしれません。

ＮＨＫで出来事をきちんと伝える、わかりやすく解説するということはやってきたけれども、「じゃ、俺はどう思うんだ」と考えることがなくなっていたということを実感したからです。

視聴者に一方的な考え方を押しつけることはしないというのがＮＨＫの方針です。視聴者に判断する材料を提供するのが仕事であって、私はこう思いますなんていうことは言わないし、言うべきではないというのが、ＮＨＫの考え方です。それは公共放送として理にかなっていると思います。

けれども、そのことに安住して、自分が伝えている内容に対して自分の意見を持つ、考え方を形成するということをしてこなかった、ということに気がついたのです。

だから何を言っていいのか、わからないんだ。

そう気づいたときには、非常に戸惑い、自己の来《こ》し方《かた》を大いに反省しました。

その番組は早々と辞退させていただきましたが、ニュースについて自分なりの意見・判断を持たなければならないということに、いまさらながら気づかされたのです。そのチャンスを与えてくれた番組に感謝しています。

みのさんは私に解説させてくれた

続いて、ＴＢＳ系列の「みのもんたの朝ズバッ！」に不定期で出演したことがあります。

みのさんは、「池上さんは、どう思いますか」と聞くこともありますが、それよりも「池上さん、これはどういうことですか。説明してください」という聞き方をするほうが多いのです。そういうことなら、私には、いくらでも解説することがあります。

「これはね、こうこうこういうことなんですよ」と説明すると、みのさんが、「あ、そういうことだったんですか。それはけしからんですね」「それは面白いですね」などと反応してくれます。

みのさんは、私の持ち味が、自分の意見を言うことではなく、解説することのほうにあると、見てくれていたのですね。

それ以来、私としては、自分の意見を持つように努力する一方で、「やっぱり私は放送で自分の意見を言うのではなく、出来事の意味を解説しよう」と、自分の方向性を定めることができました。

しゃべりのうまいタレントとは

スタジオにタレントがずらりと並んだバラエティ番組は、ほとんどが事前収録です。お笑いタレントなどの出演者にいろいろなことをしゃべらせておいて、面白いところだけを編集でつなぎます。ですから、出演者は、相当気のきいたことを言わないと、編集の段階でカットされてしまいます。

気のきいたことを言わなければ、放送での出番がありませんから、次からは呼んでもらえないかもしれません。生存競争は苛烈《かれつ》です。わずか二〇秒で、面白いコメントをきちんと言える。そういう人だけがテレビの世界で生き残っていきます。

そのような競争を生き残れる人には、どのような共通項があるのでしょうか。私は、民放の情報番組に出演しながら、そんな「しゃべりの上手な人」の特徴を観察するようにしました。

まず、ズバリひと言で本質を突いたことを言えて、それを補足することが上手な人です。

第二に、奇抜ではないけれどもありきたりではない、違う視点から「へえ！」という新しい視点を提示してくれる人。たとえばこのタイプには、私がよく放送でご一緒した麻木久仁子さんがいます。

ありきたりのことは絶対言わないというのは、非常に難しいこと。その点で麻木さんには、いつも感心させられます。中学生の子どもの母親としての発言もして、昼間の番組を観ている女性視聴者にとっては、自分たちと等身大の存在です。いわゆる「上から目線」には決してなりません。かつ発言にいつも少し意外性があって、視聴者の感覚の、半歩先の視点を提示します。

見ている側は、「そうそう、その通り」と共感する。しかし、「それくらい、私にだって言えるわよ」というレベルにはとどまっていない。だから、視聴者にも番組のプロデューサーにも支持されるのですね。

あるいは、個性派で、思いもよらない話でみんなを驚かせて自分のペースに持っていける人もいます。経済アナリストの森永卓郎さんは、そんなひとりです。

彼は経済の専門家ですが、景気の話をしているうちに、内容が趣味のフィギュア集めや模型の話に飛ぶこともしばしばです。

内閣批判をしていたかと思うと、秋葉原のメイド喫茶の話に飛び、スタジオを沸かせます。話題をずらして笑いをとることがうまいのですね。これは、天性の資質の部分と意識してやっている部分と、おそらく両方なのでしょう。

自分の持ち味を再発見した

ＮＨＫの場合は、制作者が言いたいことを代弁してくれる人を起用し、コメントを事前に一緒に練っていきます。

一方、民放の場合、起用したコメンテーターが見事なコメントをすれば次にも呼ぶけれど、期待はずれのコメントしかできなければ、次にはお呼びがかからない、という厳しい現実があります。以前は引っ張りだこだったコメンテーターが、いつしか姿を消している。そんなことが、よくあるのです。

では、私の場合、期待されていること、すなわち私の個性とは何だろうか。

たとえば、金融問題が話題で、森永さんと私が一緒に出演したとします。

森永さんの場合は、政府批判、日銀批判を期待されています。彼は、その役割を見事に森永流にこなします。

では、私はどうすべきなのか。森永さんの尻馬に乗って、一緒に批判しても芸がない、ということになります。ならば、批判ではなく、何が問題なのか、素人にもわかるような解説をすることなのだろうと思い至ったのです。

もちろん意見がないわけではありませんし、コメンテーターとして出演するようになって、常に自分の意見を持つようにしよう、という努力はするようになりました。まだまだではありますが。

けれども同時に、自分としては意見を言うよりも、テレビを見ている人に考えてもらいたい、だから「こういう視点がありますよ」と提示する側にまわろうと思うようになりました。自分の意見は持っているけれど、それよりも皆さんに考えてほしいというスタンスです。それが、自分の持ち味だと思えるようになりました。

これは、NHKにいたらおそらく考えなかったことです。五〇代半ばでの新しい「気づき」でした。優れた他人を真似しても、真似できるものではありません。それよりは、他人とは差異化した自分の持ち味を探すことが大切なのですね。

独立して学んだこと

独立してから学んだことは、二つあります。

「空気を読むこと」、そして「期待を裏切ること」です。

これは、民放のコメンテーターに求められる資質であり、条件です。

ニュース番組やワイドショーに出ていると、何人かいるコメンテーターの間での役割分担は、自然にわかってきます。この人は、ちょっと極端なことを言って笑いをとる、その分、もうひとりの人がバランスのとれた発言をする、という具合です。

そのような「空気」をいつもきちんと読める人が、生き残ることができます。空気を読めずに話の流れをかき乱してばかりいる人は、やがて消えていきます。

ところが、空気を読んでいても、誰もが言いそうな、ありきたりなことばかりを言っているだけでは、「面白くないね」と一刀両断に切り捨てられて、やはりダメなのです。

周囲が予想していた話とは、ちょっと違う視点からコメントする。それが「期待を裏切る」ということです。テレビの前で、「この人何を言うかなあ」と待っていると、思わぬ方向からコメントする。テレビの前で、思わず「そう来るか」と言ってしまう。こんな人が長続きするのです。

第4章でふれた「学べる!!ニュースショー！」でのこと。全国学力テストの小学校六年生の国語の問題を解説しました。統計数字を見て、そこから何を言うことができるか、という問題です。問題文の中では、何人もの小学生の「自分はこう思う」という発言が紹介されています。その発言を読んだうえで、「さて、あなたはどう答えますか？」という問題でした。

すると、コメンテーターとして出演していたタレントの土田晃之さんが、「いまみたいな発言をする子どもは、友だちを失うと思います」と答えるではありませんか。この「期待の裏切り」方は見事でした。なぜ土田さんが、この世界で活躍しているか、その真髄を見た思いでした。

視聴者は、土田さんが、小学校六年生の問題をどう解くか期待しています。ところが土田さんは、問題を解くのではなく、「いまの日本の学校社会では、クラスの空気を読まずに自分の意見をしっかり言う子は嫌われる」という現実を笑いものにしてしまったのです。これが、「期待を裏切ること」です。

これは、たとえば営業の仕事でも使えるテクニックですね。得意先に着いて最初にすべき基本ルールは、相手がきょうはどのくらい時間の余裕があるか、ということをさっと見てとることです。延々と話していると相手はイライラしてくるかもしれません。相手がどのくらいは時間をくれそうか、ということを見極めるのが、仕事の基本です。これが「空気を読む」ことです。

そのうえで、相手が、「どうせこいつは売り込みに来たんだろう」と思っているのが明らかなときは、わざと売り込みの話をせず、相手の会社の業務についての感想を述べたり、ライバル社の製品をほめたりするだけで、さっさと退散する。

これは、相手の「期待を裏切る」ことです。「どうして、売り込みをしないんだ」という意外感、余韻を残します。そうなると、相手から、「売り込みに来たんじゃないのか。話を聞こうじゃないか」と言ってくるかもしれません。こんな思わぬ手法も、知っておいて損はありません。いい意味で期待を裏切ることです。これは、プライベートな人間関係でも、使えるテクニックなのかもしれませんね。

客寄せのテクニック

先にも述べましたが、みのもんたさんの話術は、私が言うまでもなく、見事です。天性の才能だけでなく、血のにじむような努力で培《つちか》った技術と、両方を併《あわ》せ持ったタレントだと思います。

天性のものというのは、こういう言い方は失礼かもしれませんが、何かあったときにとっさに「けしからん！　こんなこと許せるんですか」などと反応することです。その反応が、テレビを見ている人たちと通じるものなのです。みのさんが見せるいろいろな怒りは、いわば新橋のガード下で酒を飲んで「けしからん！」と言っているサラリーマンと同じ高さの視線です。だから根強く支持されるのです。

本当は大変な資産家になっているのに、サラリーマンの悲哀を忘れない。これが長続きするコツでしょう。

その一方で、みのさんは、何かを説明するときに、大道香具師《だいどうやし》、いわゆる客寄せのテクニックを駆使します。これは明らかに、一生懸命勉強して身につけたものではないか、と私は思います。

「お客さん、寄ってらっしゃい。ほら、こうなんだよー」という説明の仕方を非常によく研究しています。大道香具師、あるいはバナナの叩き売りなら、道行く人をとにかく立ち止まらせなければいけない。つまらなかったらそのまま行ってしまう、テレビならチャンネルを変えられてしまいます。

視聴者を立ち止まらせるためにはどうしたらいいのでしょう。

「これはね……」と思わせぶりに切り出し、「どうしてだと思います、お客さん」と一瞬間《ま》を置き、「え？」と思うと、「実はね」「こうなんですよ」という、「フリップ」をうまく使った絶妙な問いかけ、間の置き方、答え方。

お客さんをまず惹きつけて「え？」と疑問を持たせて、間を置き、「こうなんですよ」と続けて「ああ、そうなんだ」と思わせる。

「クイズ$ミリオネア」（フジテレビ系列）の司会を担当していたときの、みのさんの「ファイナルアンサー？」と訊ねる、あの間の長さ。見ている側が胃が痛くなるような間を取れる、あの力。長年の苦労を感じさせるのです。

この間の取り方や疑問の持ちかけ方は、苦労して磨いてこないとできないタイプの芸です。話している間に、お客さんに逃げられちゃった。すべってしまってうまくいかなかった。そんな悔《くや》しい思いをして、試行錯誤しながら苦労したからこそ、獲得できるものなのです。

とりわけ間の取り方は、落語と共通します。落語家は、新人の頃からどういう間を取ればお客の注意を惹きつけられるかということを学んでいきます。先輩の芸をじっと見ていて盗むわけです。

コメンテーターの場合、中途半端に間を取っていると、「この人、言いよどんでるな」と、あっというまに話の腰を折られます。

しかし、ギリギリ人に話を取られない程度にためて効果をあげる、コメンテーター独特の間の取り方もあります。

コメンテーターは、話を振られたらすぐ答えられなくてはいけません。けれども、コメントの最後の「だから、こういうことなんですよ」というセリフの直前に一・五秒「間」を置くことで、場の注目を集めることができます。コメンテーターの一回の発言は最長で二〇秒と言われていますから、一・五秒は結構な長さ。その長さを我慢できるかどうか。ここが、テレビの世界で生き残れるかどうかの境のような気がします。

笑いをとるが、フォローも大切

あるシンクタンクが、大学生・高校生を対象に論文募集を行い、私は部外審査員として審査に参加しました。その表彰式でのことです。

審査員長などが挨拶するのですが、話が長いのです。ようやく私の挨拶の順番がまわってきました。最初に言ったのは、

「皆さん、ご覧のようにA社の人はみんな話が長いんです。だから私は短く言いますが……」

そこでみんながドッと笑います。とりあえず笑いをとるわけです。

受賞者は大学生・高校生ですから、緊張でコチコチになって出席しています。私が笑いをとることで、少しは緊張もほぐれることでしょう。

私の発言は、この会社の人たちとの事前のつきあいがあり、この程度のからかいなら笑ってもらえるだろうという読みがあったからこそ可能でした。これがもし旧財閥系のお堅い企業だったりしたら、場が凍ってしまうかもしれません。これが「空気を読む」ということです。ここまでなら笑って許してもらえるなというギリギリの線がわかることです。

事実、私の話の後では、会社の人たちがみんな、「池上さんに怒られるといけないので話を短くしますが……」と前置きしていました。それでも話は長かったのですが。

ただし、私は私なりに、自分の立ち位置を計算しています。もし私の代わりに、会社の若手が同じ発言をしたのでは、その場が凍りついて、誰も笑えなかったかもしれません。

会社の中の上下関係の中で上司を笑い物にするのは、きわめて高度な技。うっかり試みないほうがいいでしょう。若手がもし座の空気をほぐしたければ、その場合は、自分を笑い物にすればいいのです。

私の場合は、「元NHKの人間が来たから何か面白いことを言ってくれるだろう」という期待と、「社外の第三者の立場で何か言ってくれるだろう」という期待を察することが、「空気を読む」ことでした。

でも、笑いをとるだけで終わってしまってはいけません。

「(偉い人たちの) 話が長いのは、皆さん審査で論文を読んだからです。論文を読んで、みんな啓発され、触発されました。その結果、思わず発言したくなったのですね。こういうプロたちにも参考になることがあるという、素晴らしい論文ばかりだったので、話が長くなったのだと思います」

こういうフォローが必要なのですね。

最初は辛口にからかっているようでいて、実は受賞者たちをほめている、というスタンスが、この場の空気を一つにまとめるのです。

もう一つ付け加えると、このときは、審査委員長が「皆さんの論文を審査した後、みんなできょうは楽しかったねって言ったんですよ」と発言していました。

これについても、私はコメントしました。

「さっき審査委員長が、読んでとっても楽しかったねって言いましたが、あれはウソです」

皆笑います。

「ウソです。楽しくなんかありませんでした。どうしてか。それは、みんなものすごくレベルの高い論文ばかりで、審査する側が、真正面から受け止めてしっかり読み込まなければいけなかったからです。こちらの姿勢が問われたから、とっても辛かったのです。ただ、そうした論文を読んだことで、自分たちの勉強になった、自分も勉強になったよ、ということを、『楽しかった』と表現されたのでしょう」

最初にウソですと言って笑わせて、これも、最終的にはフォローして収めます。

挨拶では、あえて前に挨拶した人の話を否定して笑いをとるテクニックがあります。しかし、そのまま終わってしまうと、後味が悪くなることがあります。「あの野郎！」と思われるかもしれません。

いったん否定して、からかってみせて、けれども真意はそうじゃないとフォローして終える。それによって、聞いている人も安心できるのです。

コラム　4

時間感覚を身につけよう

テレビは分刻み、秒刻みの世界です。

テレビでは、一〇秒あれば、かなりまとまった内容を話すことができます。三〇秒もあれば、話に起承転結をつけることも可能です。こんな話を聞くと信じられないかもしれませんが、放送業界の人間は、三〇秒あれば相当のことができると思っています。これは身体にしみついた職業的な感覚です。

情報番組のコメンテーターの場合、ひとりがじっくりカメラに向かって解説できるのは、四〇秒が限界です。「どう思いますか」と言われてとっさに気のきいたコメントで答える場合は、二〇秒です。みんなすっかり気が短くなってしまったのですね。

民放テレビの情報番組をご覧いただくとわかりますが、コメンテーターの話が二〇秒を超えますと、その話を聞いているキャスターのうなずきの表情に切り替わります。あるいは、画面が関連映像に切り替わります。関連映像を流しながら、話し続けているコメンテーターの顔が、小さい円形の窓（これを「丸ワイプ」といいます）の中に映ります。コメンテーターの顔を映し続けるのが辛くなってくるからです。

二〇秒となりますと、さすがに起承転結をつけることは無理です。その場合は、第1章で述べたように、いわゆる逆三角形のリード部分をコメントします。あるいは起承転結の

「結」だけでいいのです（26ページ、図1－1、図1－2）。

もし余裕があって四〇秒使える場合には、「結」から始めて、「それはなぜかというとこういうことなんです」と、「承」ないしは「転」に触れればいいのです。さらに時間があれば、再び「結」を繰り返します。

一般のプレゼンテーションや報告会では、三〇秒単位で考えることはまずないでしょうが、あと一〇分、あと五分、三分でどのくらい話せるかということは、一度練習して時間感覚を身につけておくといいでしょう。

第7章　すぐ応用できる　わかりやすく〈伝える〉ためのコツ

「三の魔術」を活用しよう

前章までは、これまでの私の経験を中心に話をしてきました。ここからは、日頃自分が気をつけている「わかりやすさの技術」を、いくつかの観点から紹介しましょう。まず、この章では、すぐに応用していただけるようなコツを述べましょう。

「三の魔術」という言葉があります。

第5章でも触れたように、「わかりやすい説明をするときにはポイントは三つに絞りなさい」という意味です。

人は、たいてい三つまでなら耳を傾けて聞きます。それが、四つになると注意が拡散します。話し手も内容を把握しづらくなってしまいます。

人間がメモなしで話せるのは、たいていは三つのことまでです。聞き手のほうも、頭の中でとりあえず整理して覚えられるのは三つまで。不思議なもので「三つあります」と言われると安心するのです。

こんなエピソードがあります。

ひと昔前になりますが、中曽根内閣時代につくられた臨時教育審議会でのこと。いわゆる識者や専門家が教育について議論を行い、審議会の後で毎回、当時の会長が記者会見をします。会長は国立大学のトップを経験した学者。「本日は、こんなテーマについて議論が交《か》わされました」と会議の内容を説明します。AとBとCと……と三つまではすんなり説明できます。ところが、その後になると、いつも、「えーと、あと何があったかな」と後ろに控えた事務方に聞くのです。

毎回これが繰り返されるものですから、口の悪い記者連中は、「あの人の数の概念は、一、二、三、たくさんだな」と言い合ったものです。会長は理科系の学者です。頭のいい偉い先生でも、一度に覚えられる内容は三つなのだという現実に、驚いた記憶があります。三から先の数は「たくさん」になっちゃう。これは、多くの人に共通したことだと思います。

「大事なことは一つだけです」でもいいのですが、もういくつかあったほうがありがたい気がします。「二つあります」でも「え、二つでいいの?」という物足りない気分になります。それが「四つある」だと、今度は多い印象を受けてしまいます。

その点「三」という数字は過不足のない、きりのいい数字です。「大事なことは三つあります」と言われると落ち着くのです。何と何と何だろうという興味も持てます。

プレゼンテーションの前にメモを作る際、言いたいことが五項目あったとしても、三つに絞る努力をしてみてください。

五つの中で優先順位の低いものはどれだろうか。あるいは、AとBは実は一つにまとめられるな、などということを考えながら、整理をしていくのです。

三つ目の項目を話して、まだ時間の余裕があれば、そして聞き手にまだ聞く態勢があれば、「ちなみに」「さらに言いますと、こういうこともあります」などと付け加えてもいいですね。

このように、すべてを三の単位で積み上げて考えてみましょう。

大きな三つのテーマについて三〇分ずつ話す。

その三〇分の大きなテーマを説明するために、それぞれ小見出しを三つ立て、一〇分ずつ話していく。

すべてを三つに分けて整理していくと、聞き手にもわかりやすくなりますし、話もしやすくなります。

物事の分析ですと、過去、現在、将来という三段階の時間経過に分けることもできますし、現状、反省、改善点という提案の方法もあります。いずれも三つに分けると、ポイントが絞りやすいのです。不思議なものですね。

三つの柱のルールは、社内向けの小規模なプレゼンテーション以外、たとえば新製品の紹介などにも、そのまま応用できます。

その場合、シンプルに「ポイントは三つあります」と告げて話を進めるやり方もありますが、明確にそのようなセリフは言わずに要素を三つに分けておくやり方もあります。話し手の頭の中できっちり三つに整理されていれば、話も説得力を増して、聞いている側も納得できるものです。

ある施策の提案なら、組み立てとしては、「この施策を提案します、効果はこうです」とつかみをつくり、一番目の「現状の施策」の話をする。

次に、たとえばウェブ（インターネットのホームページ）への出稿に重点を置くという施策の提案なら、「出稿についての具体的な提案内容はこうです」という話が二番目にきます。宣伝費の割り振りや内訳などもここに含まれます。

そして三番目にスケジュールや実施要綱、それによって得られる対費用効果の予想などです。

提案した施策がもたらす効果については、つかみで数字を少し出しておいて、具体的に三番目でもう一度説明します。最後にもう一度説明するというのが、実は大切なのです。

最後に冒頭の「つかみ」に戻る

たとえば、第5章のサンプル原稿Aでも、「一四〇〇万円改善できるという話をします」と、「つかみ」で触れておいて、最後に「だから一四〇〇万円」と必ず戻るのです。

「つかみ」とは、最初に相手の心をつかんでしまう、相手の関心を惹くひと言のことです。最初に聞き手の関心を惹きつけておいて、最後にもう一度おさらいしてから結論とする。それによって、プレゼンテーションがまとまったという印象を与えることができます。聞く人は、「最初なんだろうと思ったけれど、こういうことだったのか」と納得できるのです。納得感が大事です。

最初に戻らないで終わってしまうと、何となく言いっぱなしの感じがして、聞き手に中途半端な印象を与えてしまいます。

最初に結論を述べておき、最後まで話が進んだところで、「だから、最初に言ったことはこういうことなのです」とまとめます。こうすれば、「ああ、だから最初にこう言ったのか」と聞き手に納得してもらうことができます。

プレゼンテーションを地図にたとえるなら、目的地を指して話を始め、目的地に着いたところで、「ここが目的地です」と再確認するイメージです。

たとえば、朝日新聞の「天声人語」や読売新聞の「編集手帳」などのコラムで、最初のつかみでは「おや？」という意外な感じを受けるものの、最後の結論まで読み終えて、「だから最初にこのつかみで入ったんだな」と腑《ふ》に落ちることがよくあります。そのコラムがまとまったという印象を与え、「なるほどね」と読み手に感じさせることができます。

ときどき「あれ、最初のあのつかみは何だったの？」と納得できないまま終わってしまう文章があります。これは、まとまりのない文章の例です。

「時間ですので終わります」は最悪

つかみとは、別に人を笑わせる話でなくてもいいのです。「要するにこういうことです」と結論から述べる。あるいは「おや？」と思わせるようなことを言う。具体的な効果など聞き手が関心を持っているだろう点に触れる、などいろいろなやり方があります。

そのうえで、最後にその話に戻ります。そこでストンと聞き手の腹に落ちます。それによって聞き手は「まとまったプレゼンテーションを聞くことができた」という満足感が得られます。これが大事なのです。

私は日ごろ、さまざまな種類の発表や講演会を聞く機会がありますが、尻切れとんぼに終わるという印象の話が少なくありません。

「あ、時間になりましたからこれで私の発表を終わります」

と、発表が終わりますと、

「えっ？　だから何だったの？」と思ってしまいます。

そうならないためには、最後にもう一度「だからこうなんですよ」とつかみの言葉を繰り返す、あるいは「だから最初にこう言ったんですよ」とまとめる。

そこで初めて「着地に成功」という感じを与えられるのです。

「時間ですからこれで終わります」という終わり方は、「私は話をまとめられませんでした」と言っているようなものなのです。

あるいは、「時間がなくなってしまいましたので、私の話はこれまでに」という締め方は、こんな短い時間を設定したほうがいけないと、人のせいにするような印象すら与えかねません。これでは言い訳にしか聞こえません。

最初に結論を言わない謎かけも

一時間とか一時間半の長い話をしなければいけないときには、最初に結論まで言わずに、さわりだけにしておき、聞いている人たちの興味を引っ張るような、ある種の謎かけを含んだ言い方で始めるという方法もあります。最初に結論を言ってしまうと、「なんだ、もうわかった」と、聴衆がどこで中座しようかと考え始めるかもしれないからです。

たとえば、私は世界各国で発行されている世界地図を集めるのが趣味なものですから、このテーマで講演をすることがあります。こういうときは、次のように始めます。

「頭の中に世界地図を思い浮かべてみてください。どんな世界地図でしょう。きっと日本が真ん中にある地図ではないですか。でも、世界では、そういう地図は少数派なんです。**きょうは、さまざまな世界地図を見ることによって、世界の見方を考えよう、という話です**」

最後の太字の文が、全体の「リード」になります。これなら、第1章で述べたように、きょうの講演会での行き先を示す「地図」を聞き手に渡したことになりますね。

でも、目的地までのルートには靄《もや》がかかり、はっきりしません。「どうやって行くんだろう」と目を凝《こ》らしてくれる聴衆がいることでしょう。これが狙いなのです。

聞き手が、「それってどんな地図だろう」「いろんな世界地図があるってどんな世界地図？」という反応を示したら、「ね、見たくなるでしょう」と返して、関心を惹きつけて、本論に入ることができます。

ヨーロッパが中心の世界地図、アメリカ中心の世界地図、南北が逆の世界地図……、次々に世界地図を見てもらい、結論で、再びつかみに戻ります。

「世界には、さまざまな世界地図が存在します。それぞれの国の人にとっての世界地図は、みんな違うもの。それを知ったうえで、私たちは世界の人たちと付き合う必要があるのです」とまとめるのです。

笑いは潤滑油

アメリカ人が講演や報告をするときには、必ずといっていいほど、まずはジョークから始めます。講演や報告が始まる前には、聴衆の間に緊張があります。この緊張をほぐすところから始めるのです。これを「アイス・ブレイク」（氷を割る）と言います。氷のような緊張を破るところから始める、というわけです。

日本では、これが不得意な人が多いのですが、まずは笑いをとるところから始めれば、聞き手が、「この人は面白いことを話してくれそうだ」と期待を持ち、熱心に聞いてくれるようになるでしょう。

よく、「話すのも苦手なのに、笑いをとるどころではない」と言う人がいます。でも、そんなに深刻に考える必要はありません。

大事なのは「準備の段階で、つかみをきちんと考える」ということです。

つかみや笑いをとるのは、確かに話し方の「応用問題」にあたります。とはいうものの、冗談や面白い話ができれば、こいつは面白いなあ、明るいなあという印象を与えます。最初のつかみでプレゼンテーション成功、なんてこともありえます。

失敗してもかまいません。面白い話をしようとして、「すべって」しまってもいいのです。みんなの注目を集め、講演や報告を成功させようと頑張っている姿勢を理解してもらえれば、聞き手の人たちは、苦笑いしながらも、温かく受け止めてくれるはずです。

具体的な話から抽象化へ

わかりやすい説明とは、常に具体的でなければいけない。これが大原則です。

講演会でもプレゼンテーションでも、つかみから結論まで抽象的な話に終始すると、

「では具体的にはどういうこと？」と聞き手は欲求不満になります。

抽象的なテーマだとしても、「こういう例があります。この人がこんなことを言いました」と、必ず具体的な話をどこかではさみます。

一方で、具体的な話だけで終わってもいけません。具体的な話ばかりですと、聞いているときには面白いのですが、終わった後で、「で、何を言いたかったのかな」という欲求不満が残るからです。具体的な話を重ねていって「そこから導き出せることはこういうことです」と、具体的なところから一段、次元を上げて抽象化することが大事です。

「抽象化」という言葉は「一般化」と言い換えてもいいでしょう。聞いている人は、単に具体的なエピソードだけではなく、それを抽象化・一般化してまとめた内容も聞くことによって、「大事なことを聞いた」とか「新しいヒントを得た」とかいう気持ちになれるからです。内容のあるちょっと知的な話を聞いたという「お得感」が得られるのです。また、頭の中で情報を整理しやすくなります。

先の「三のルール」に従って話の内容を大きく三つに分けたなら、その三つのそれぞれに具体的な例を紹介し、それぞれのまとめで一段、抽象化を行いましょう。

そして、その三つのブロックの後で、最後に全体の大きなまとめをします。

注意しなければいけないのは、「抽象化は一段上でいい」ということです。二段も三段も抽象化してアカデミックになりすぎ、小難しくなってしまっては、逆効果です。

〈例　環境問題について日常できること〉

「電気をこまめに消す。夏ならクールビズ、冬ならウォームビズ、冬は一枚セーターをよけいに着て暖房は控えめに。わずかそれだけのことでも環境問題の対策になります」

これが具体論です。それから一段抽象化します。

「なぜなら、私たちが使う電気は、火力発電の割合が非常に高いからです。大気中の二酸化炭素が増えると、地球温暖化が進むからです。電気を節約するということは、結局は二酸化炭素の排出量を減らすということにもなります。

考えてみると、冬でも暖かい所でヌクヌクしていると、身体がなまってしまいます。寒いときにはそれなりに寒さを体感して、体に緊張感を与えましょう。それによって健康的な生活が手に入ります」

このように、「電力を使わない一つ一つの工夫が、二酸化炭素をなるべく出さないこと、エネルギーを無駄遣いしないことであり、同時に自分の健康にとってもいいことである、地球のためになることはあなたの健康にもいいことだ」という話に展開できます。一段上の抽象化であり、加えて、「あなたにとってもいいことですよ」と触れることで、お得感を与えることにもなります。

一段抽象化することによって、「それならあてはまることは他にもあるよね」と聞き手が気づいて応用がきくようになれば、しめたものです。

専門家の学者にありがちなのが、たとえば「化石燃料の燃焼を減らさなければいけない」というような話から始めることです。これではまさに「抽象化そのもの」です。こんな言い方から始めると、子どもたちの反撃を受けます。

「化石燃料って何？」

「石油や石炭だよ」

「だったら、そう言ったら？」

「…………」


「石油や石炭を燃やしたらどうしていけないの？」

「二酸化炭素が出るからだよ」

「二酸化炭素が出たら、どうしていけないの？」

「…………」

わかりやすく説明するには、逆のアプローチをします。

自動車に乗るのを控えましょう（具体例）。
使わない電気は消しましょう（具体例）。
暖房、冷房を効かせすぎないようにしましょう（具体例）。
どうしてかというと、二酸化炭素を大量に出してしまうからです（一段の抽象化）。

誰を見て話しますか？

プレゼンテーションや報告を行う場合、どこを見て話すべきか。誰と誰の顔を見て話せばいいのか。なかなか難しいものです。

基本的には、まず、自分から向かって左から右、あるいは右から左、どちらの方向からでもいいのですが、全体を見渡してみましょう。そして、次のように始めます。

「本日プレゼンテーションする○○でございます。どうぞよろしくお願いします」

真正面に向かって挨拶しましょう。

「いまから『会議は一時間以内にしよう』という話を三分で申し上げます」と言いながら、視線を左から右、あるいは右から左にゆっくり移しながら、全体を眺めましょう。

そうすると、聞いている側が「あ、ちゃんとこっちも見てくれているな」という印象を受けます。

あがってしまうと、ひたすら前だけを見て話しがちです。これでは、正面以外の席に座っている人たちは、「おいおい、オレのことは意識してくれないのかよ」と疎外された気持ちになってしまいます。

まずは一瞬ずつでも、一人ひとりに視線を合わせましょう。「あなたにも、あなたにも、あなたにもお話をしますよ」と心の中でつぶやきながら、話を始めます。

いったん話し始めてからは、別に視線を一人ひとりに合わせる必要はありません。ときどき左のほうを見たり、右のほうを見たりするだけで、聞いている人たちは、「さっき視線を合わせてくれたから、またこっちに視線を向けているということは、きっと見てくれているな」と受け取ってくれます。

むしろ、話しながら視線と視線がきちっと合うと、それで変に緊張してしまいますから、避けたほうがいいでしょう。

聞き手の中に「応援団」をつくる

最初に聞き手の顔を一瞬でも見ることには、別の効果もあります。

いったん視線を合わせて見られると、「あ、自分は見られている。知らん顔するわけにいかないな。また見られたときにそっぽを向いているとまずいな」、あるいは「つまらなさそうな顔するわけにいかないな」と思うものです。

そうなると、自分のほうを見られるたびに、仕方なしに、最初はまあ義理で、「ウン、ウン」とうなずいてくれたりします。いったんうなずいてくれたら、しめたものです。その人は、話をずっと聞いていてくれる味方だと思いましょう。

プレゼンテーションの途中で、「さあ、どうしよう」と自信が急に萎《な》えるときがあります。あるいは、相槌《あいづち》を求めたいときもあります。そのようなときは、その「味方」の顔を見て視線を合わせましょう。彼（彼女）はおそらく「うん、そうだよね」というように、またうなずいてくれるはずです。

このような反応は励まされますね。

「大丈夫。ちゃんとうなずいて聞いてくれている人がいる」と、自信を取り戻して、話し続けることができます。

この場合、視線を合わせる必要はありません。顔を見るようにしましょう。それによって、相手に軽いプレッシャーを与え、「ちゃんと話し手を見ていなきゃいけない」という義務感を与えるのです。

仕方ないなと見ているうちに、思わずうなずいてしまう。不思議なもので、うなずいたことによって、相手の話に納得できるのです。「あ、そうそう。なるほど」と。聞き手としての参加意識も芽生えてきます。

そのような聞き手は、自然と「応援団」になってくれます。

プレゼンテーションの中で自分の応援団をつくっていく、その人数を増やしていくということですね。全員というわけにはなかなかいきませんが、次第にうなずいてくれる人が増えてくれれば、そのプレゼンテーションは成功ということです。

決定権を持っていたり、影響力を持っていたりする「キーパーソン」にアピールすることも、もちろん重要です。あらかじめ誰が重要人物かわかっていることも多いでしょうし、もしわからなくても、会場を最初に見渡す際、見当をつけてみましょう。

キーパーソンを見つけたら、ときどきその人物を見て、「あなたに話してるんですよ！」という熱い視線を当てるのです。ウルトラマンのスペシウム光線を出すぐらいのつもりで、試してみましょう。

さてここからは、中級以上の技術です。中には、うなずいてくれない人、反応してくれない人もいます。その場合は、ときどきその人をじっと見つめましょう。見つめながら、「これはこういうことで」と畳みかけるように話していれば、耐えきれなくなって、その人は思わずうなずいてしまうものです。そうしたらしめたものです。

そうやって一人ずつ落としていきましょう。聞いている人全員がうなずきながら聞いてくれるようになったら大成功です。

この場合、書いた原稿の文章をそのまま読み上げていては、聞いている人たちの反応を見ることはできません。また、「原稿を棒読みしている」ことはひと目でわかりますから、聞いているほうも「読むくらいならその原稿を配ってくれよ。時間の無駄だ」という気になるでしょう。「ここにきたからこそこの話を聞ける」という「お得な気持ち」を持ってもらうことが、プレゼンテーションでは最優先なのです。

コラム 5 「皆さん」には要注意

プレゼンテーション原稿を書くとき、「皆さん」に話しかける感じで書いていませんか？

実は、プレゼンテーションとは「皆さん」に話すものではありません。

その場にいるこの人とこの人、あなたとあなた、そして、あなたに話すものです。

「皆さん」と言われても、聞いている人は「あ、オレは関係ないんだ」とか、「オレはワン・ノブ・ゼムだし」と思ってしまいます。

プレゼンテーションでは、「顔が見えるあなたにお話をします」という調子で話すのです。

具体的に、あなたがそこで伝えたい、語りかけたい相手とは、たいてい、決定権のあるキーパーソンということになるでしょう。会議なら、誰が出てくるかあらかじめわかります。名前と顔を思い浮かべながら、「部長、実はこういうことなんです」と語りかける文章を書いていくのが、プレゼンテーションの準備なのです。


事件や事故の現場で、まわりに集まって来た人たちに向かって、「誰か警察に連絡して」と言っても、意外に誰も連絡してくれないものです。「誰か」と声をかけても、まわりで聞いた人は、「自分以外の誰か」と受け止めてしまうからです。そうではなく、周囲にいる特定の個人の顔を見て、その人を指差し、「あなた、警察に連絡してください」と具体的に頼むと、責任感が生じて連絡をとってくれるものです。

第8章　「日本語力」を磨く

1　使いたくない言葉——無意味な接続詞

「そして」はいらない

「文章が下手だから、わかりやすい話ができない」と思っていませんか。でも、文章力＝日本語力は特別なものではありません。いくつかの点を心がければ、確実に力は向上します。

まずは「使わないことでわかりやすくなる言葉」「要注意の言葉」について話しましょう。わかりやすく伝えるうえで大事なこと。それは、「接続詞」を極力使わないことです。第3章で説明したように、安易な接続詞の使用は、論理的な文章作りの敵になります。

「そして」「だから」を多用しますと、とりあえずは文章を書き綴《つづ》ることが可能になります。話がつながっているようにみえるのです。

しかし、本当にそうでしょうか。

このグローバル化時代に対応するため、わが社の戦略を改めて見直す必要があると思います。

そして、組織改革も必要になります。だから、次のようなプロジェクトチームの発足を提案します。

こんな提案文があったとしましょう。どうして、「そして」なのでしょうか。戦略を見直すために、なぜ組織改革が必要なのか、この文章ではわかりません。「わが社の戦略」を見直すには、いろいろな方法があるはずです。その中で、なぜ組織改革なのか。組織改革の必要性をきちんと述べなければならないのに、「そして」と書いたために、その点について深く考えることなく、先へ進んでしまっています。

この文章では、「だから」も意味不明ですね。組織改革が必要だと、どうしてプロジェクトチームを発足させなければならないのか。論理的な説明になっていないのです。

接続詞を安易に使ったため、論理的な文章になりませんでした。

「自分は極力接続詞を使わないぞ」と自戒してみてください。接続詞という「接着剤」を使わなくても文章がつながるかどうか。接続詞を使わないように努力することで、論理的な文章が書けるようになるのです。

「ところで」何なの？

話をしているうちに、「ところで」という言葉をよく使う人がいます。口癖なのでしょう。ですが、ひんぱんに使われてしまいますと、困ってしまいます。「話があちこち飛んでいく」という印象を与えるからです。

「ところで」という言葉は、「これまでの話はここまでにして、別の話題に転換するよ」という宣言です。

忙しいビジネスの場面で、次々に仕事をこなしていかなければならない場合、「ところで」と言うことで、「前の仕事は終わり」と片付けることができます。

でも、親しい中での会話でこう言われると、これまでの話が否定されてしまう気がします。「ところで」と言われると、「これまでの話は終わったの？　終わったなら、終わったと言ってから次の話に入ってよ」と言いたくなります。

ましてプレゼンテーションの場では、「ところで」を不用意に使うと、「前の話は何だったの？」と、聞いている側が不信感を持ちかねません。仕事の場で「ところで」を使うのは、極端にいえば論理の「敗北」なのです。

「話は変わるけど」は相手を否定

「ところで」とほぼ同じような意味で使われるマイナスの言葉に、「話は変わるけど」があります。

相手と話していて、自分では話が盛り上がっていたと思っていたのに、相手が突然「話は変わるけど」と言うと、話の腰を折られた気がします。

エッセイを読んでいて、「話は変わるが」と書いてあると、がっくりします。エッセイとは、自分の日常と、そこで感じた・思った心象風景を組み合わせて綴っていくもの。最初のつかみのエピソードから始まり、さまざまな話題が紹介された後、最初のつかみのテーマに戻っていくという文章の流れというものがあります。そこに「話は変わるが」というフレーズが入ってくると、「この筆者は、一つのテーマでエッセイを書くことができなかったのだな」とわかってしまいます。きっと、なんとしてもエッセイを仕上げねばならず、必死だったのでしょう。「ネタ切れなんだな。苦しそうだなあ」と、思わず同情したくなります。

「こうした中で」はどんな中？

「消費の落ち込みが続き、ファッション業界は、新しいトレンドの開拓に必死です。こうした中、アメリカから新しいファッション企業が日本進出を果たしました」

こんなニュースがありますね。「こうした中」という言葉が無造作に使われています。私は、こうした言いまわしを聞くと、「こうした中でというのは、どうした中でなんだよ」と突っ込みたくなります。前の文章と、後に出てくる文章を、論理的にうまくつなげることができないため、「こうした中で」という、実に漠然とした表現で誤魔化《ごまか》してしまうのです。

この文章を書いた人は、おそらく次のような文章を書きたかったのでしょう。

消費の落ち込みが続いています。どの業界も新規需要の開拓に必死です。今回はファッション業界にスポットを当ててみましょう。というのも、今回日本に新たに進出するアメリカのファッション企業の手法が、日本の企業に大いに参考になるからです。

これなら、新しい企業の話題を取り上げる必然性がわかります。日本で消費の落ち込みが続いていることと、アメリカの企業の日本進出とが、つながっているからです。

論理的な文章を書くのが面倒くさくなったとき、人は、「こうした中で」と書きたくなるのです。

「いずれにしましても」は話をチャラにしてしまう

話を強引におしまいにするときに重宝な言葉が、「いずれにしましても」です。

たとえば、テレビのキャスターが、自分のコメントをうまくまとめられなかったときでも、出演者のコメントにどう反応していいか困ったときでも、「いずれにしましても、この問題、一刻も早い解決が望まれます」とまとめてしまうことができます。

これは、話をまとめているように見えますが、実際はきちんとまとめられないときに使う言葉です。「いずれにしましても」は、前の話を全部チャラにしてしまうのです。「いずれにしても」ということは、「これまでの話が正当だろうと不当だろうと」という意味ですからね。

準備が不十分なままプレゼンテーションをしている人が最後に使いがちです。

延々と話してきて「いずれにしましても、私が言いたいことはこういうことです」とまとめる人がいます。じゃあ、これまでしてきた話は何なんだよ、それにつきあった自分は時間の無駄じゃないかと相手に思わせてしまいます。

話のまとめとして「いずれにしましても」を使う人には注意を。話のまとめにならないのです。

こういうときは、「きょうは、こうこうこういう話をしてきました。私が言いたいことはこういうことです」と言えばいいのです。これなら首尾一貫して、きちんと結論を述べたという印象を与えることができます。

「が」はいらないが

「本日は報告に長い時間をいただきましたが、そろそろ終わりにしたいと思います」

こんな挨拶をする人がいますね。「時間をいただきましたが」と、「が」が出てきたので、前の文章を否定して「本日は報告に長い時間をいただきましたが、まだ重要な報告が残っております。それについてお話しします……」と続くのではないかと、聞き手は身構えてしまいます。

ところが、実際には、「そろそろ終わりにしたいと思います」と続いたりします。「なんだ、終わりなんだ」と肩透かしを食ったような気がします。

これは、逆接の「が」だと思ったら、順接の「が」だった、という問題です。「～が」という文章の「が」は、通常は逆接つまり前の文章を否定する言葉です。それを、順接つまり前の文章を肯定する意味に使ったことで、聞き手が混乱してしまったのです。

文章をダラダラつなげていく際には、「が」というのは大変便利な言葉なのですが、それだけ論理に無頓着に使いがちです。文章の論理的なつながりを考えて話したり、書いたりする場合は、「が」は逆接の意味にだけ使いましょう。

「○○したいと思います」は余計だと思います

テレビのリポーターが、「では、これから○○したいと思います」と、何かを始めるシーン、よく見かけますね。なぜ、「これから○○します」と言わないのでしょうか。

「○○したいと思います」という文章は、まわりくどいですね。「○○したい」という自分の思いを表明しているだけ。「ダメだよ」と言われたら、中断できるニュアンスです。実際にはやめるつもりがないのに、「思います」と表現する。違和感を覚えます。

これは、断定を避ける表現です。「これから○○します」と言い切ると、特に女性リポーターの場合、「表現がキツイ」と視聴者に思われそうなので、それが恐くて、「思います」という一歩下がった表現を使っているのですね。無意識の表現でしょう。肝心のリポーターには、そんな自覚はないのでしょうが。

プレゼンテーションの冒頭で、「では、発表をしたいと思います」と発言すると、意地の悪い上司だったら、「思ってないで、始めろ」と突っ込みを入れてくるかもしれません（そんなに意地の悪いのは私だけ？）。

話は簡潔に。途中で他人から突っ込みを入れられるような表現は避ける。この大原則からいえば、「これから○○します」で、いいのです。「○○したいと思います」は、余計だと**思います**。

「週刊実話」か「習慣実は」か

またまたテレビのリポーターの言葉遣いに関してです。テレビのリポーターの言葉遣いが気になるのは歳をとった証拠ということのようですが。

リポーターが現地リポートをしています。

「みなさん、この場所、一見○○のように見えますでしょう。実は、××なんです」「実は、××なんです」と、「実は」を乱用。

「実は……」という表現も、使われ始めた頃はなかなか効果的だったでしょうが、乱用は品位を落とします。「実は」と言うのが習慣になってしまっている。これを私は「週刊実話」ならぬ「習慣実は」と呼んでいます。

ありきたりの表現は避けましょう。独創的な表現を開拓しましょう。

2　マジックワードもある

「大変なんです」という「隠れマジックワード」

ここまで「使ってはいけない要注意の言葉」をあげてきました。

しかし一方で、隠し味のように使える「マジックワード」もあります。今度はそれを紹介しましょう。

マジックワードとは、相手に自分の話を面白く、興味深く聞いてもらいたいときに効果のある言葉のことです。まずは、「大変なんです」あるいは、「大変大変、聞いてよ」という言葉です。

相手に自分が体験したことを面白く伝えたい。自分の気持ちをわかってほしい。そんなとき、まず、「ねえ、ねえ、大変」という言葉から始まる文章を考えましょう。文章ができあがったら、冒頭の「ねえ、ねえ、大変」という言葉を削除してしまいます。そうすると、勢いのある、説得力のある文章がつくれます。

実際には隠れてしまうので、「隠れマジックワード」なのです。

プレゼンテーションの場合は、「どうしても報告したいことがあるのです」で始まる文章を考え、実際の発表のときには、その文章を削除しましょう。

「どうしても報告したいことがあるのです」という文章で始めますと、「それは、○○です」と結論部分を早く言いたくなりますね。まず何を話さなければならないか、本質を考えるようになります。それが結局、「結論は早めに」という原則にかなったものになり、説得力を増すのです。

「つまり」は補助線になる

使いこなせば有効なマジックワードには、「つまり」もあります。

具体的な話を抽象化するときに便利な言葉です。

「つまり」を結論の直前に持ってくると、話を抽象化し、まとめられるのです。

ただし、「つまり」を使うのは、文章でも三分間のプレゼンテーションでも最後の部分に一回だけ、と決めておいたほうが効果的です。魔法の言葉ではありますが、多用するとくどくなり、わからないだろうから教えてやる、というような嫌味な感じが出てきてしまうからです。「つまり」という言葉を最後に使うと念頭に置いておけば、「つまりの後に結論の文をどう続けようか」と考えるきっかけにもなります。

つまり、最終的に「つまり」を実際には使わなくてもいいのです。話の結論である「キーワード」を引っ張り出す役割を果たす、鉛筆書きの補助線が、「つまり」です。

鉛筆書きの補助線ですから、解答を書いたら（文ができたら）消していいものです。その意味で、「実際には使わなくてもいい言葉」です。「大変なんです」と同じく、隠れマジックワードなのです。

「言い換えれば」は複眼の思考

「言い換えれば」も有効な言葉です。この言葉には二種類の使い方があります。

一つは、「自分はこう言っているけれども、こういう見方もできますよ」という意味での使い方です。

たとえば、「A社にとってこのようなメリットがあります。言い換えれば、B社にとってはリスクも生じます」という文は、A社からの視点に加えて、B社の視点も想像させることができます。物事を一方から見るのではなく、他方からも光を当てる。つまり、「複眼思考」ができるのです。

A社にとっての利点ばかりを並べ立てられると、「そんなにうまい話ばかりなのか」と、相手はかえって疑心暗鬼になりますが、B社の観点からのマイナス面も提示することで、物事の見方が立体的になりますし、公正な立場で話をしているという信頼感も獲得できます。

もう一つの使われ方は、たとえば、「反対者は三四パーセントです。言い換えれば三人に一人です」という表現です。

ある数字を、別の視点からも表現するもの。こちらの「言い換えれば」は、実際には削除することも可能です。「三四パーセント、三人に一人が」と言えば、すっきりします。いわば消しゴムであとから消せる、鉛筆書きの「言い換えれば」と考えていいでしょう。

3 キーワード力をつけよう

「見出し」になるのがキーワード

二〇〇九年四月のある新聞の経済面に、「日本批判『謝らないと』」という見出しの記事がありました。なんだろうと思ってしまう、うまい見出しです。見出しにひかれて本文を読むと、二〇〇八年にノーベル経済学賞を受賞した米プリンストン大のポール・クルーグマン教授が、外国人記者団との質疑応答で「私たちは、日本に謝らなければならない」と述べたというのです。

クルーグマン教授は、一九九〇年代から二〇〇〇年代の日本の不況時に、日本政府や日本銀行の対応を厳しく批判していました。ところが、今回の不況でアメリカも、「似たような境遇に直面すると、私たちも同じ政策をとっている」と述べ、日本を批判する資格はなかったと発言したのです。

日本を厳しく批判したものの、いざ自分たちの番となると、結局は同じことをやっている。他人のことは言えなかった、という興味深い記事でした。

さて、同じ記事を、別の新聞はどう料理しているのか。こちらの記事の見出しは、『失われた10年』より悪い」というものです。

「失われた10年」といえば、一九九〇年代、日本の政策が後手に回り、不況が一〇年も続いたという「政策の失敗」を意味します。経済に詳しい人ならわかる見出しですが、「日本に謝らないと」と発言したことが、見出しではわかりません。記事として面白くないのですね。

本文を読むと、米経済の現状について、「日本の『失われた10年』よりも悪い」という認識を示したことが紹介され、最後に「我々は日本に謝らなければならない」と発言したくだりが出てきます。この記事でも、「日本に謝らないと」という面白い発言は紹介しているのです。それなのに、なぜ見出しになっていないのか。

それは、見出しをつくる担当者が、記事の冒頭部分を引用したからです。

原稿を書く新聞記者は、記事の見出しまでは書きません。出稿された原稿を紙面に割り付ける担当者（整理部という部に所属していることが多い）が、原稿を読んで見出しをつくるのです。おそらくこの担当者が、原稿の冒頭部分から見出しをつくったのだろうと気づいて、今度は「謝らないと」の記事を読み直してみました。すると、こちらの記事は、「私たちは、日本に謝らなければならない」という発言の引用から始まっていました。この記事も、見出しは冒頭部分から引用されていたのです。

ということは、記者が記事を書くとき、冒頭に見出しにしたくなるようなキーワードを持ってくるかどうかで、その記事の印象や面白さも決まってしまうということなのです。「この記事、この報告書に見出しをつけるとなると、なんだろうか」と考え、魅力的な見出しを思いついたら、それを冒頭に持ってくる。そのような努力・工夫が、読者を惹きつける結果になるのです。

これは、プレゼンテーションでも同じことですね。

発表の前に原稿を書いたら、自分なりに、報告全体の魅力的な「見出し」を考えてみましょう。実際の発表のときには、「ただいまから、○○は××だ、という発表をします」と、見出しから始めればいいのです。

聞き手がメモをとりたくなる言葉を

私は、かつては記者としてさまざまな人にインタビューする立場でしたが、最近は逆にインタビューを受けることが多くなりました。その際は、聞き手が原稿にまとめやすいように、なるべく「見出し」になるようなキーワードを提示するように心がけています。

自分が取材するときも、相手から、見出しになるようなキーワードが出てくると、「しめた、これで原稿が書ける」と思うからです。

先日、「新入社員にアドバイスを」というインタビューを受けました。このときは、会社への行き帰りの電車の中でも仕事に参考になる情報がたくさんある、という話をしました。電車内で、女子高校生同士が話し合っているのを聞けば、若者の間のトレンド情報が得られるし、ほろ酔い機嫌のオジサマたちの会話からは、壮年層が将来にどんな不安を持っているのか、などを知ることができる、というアドバイスです。

このとき、「だから耳にイヤホンを入れて音楽を聴いていては、せっかくの情報獲得のチャンスを失うよ」と言ったところで、かつての寺山修司の本『書を捨てよ、町へ出よう』の題名が思い浮かびました。そこで、これをもじって、「若者よ、イヤホンを捨てよ、聞き耳を立てよ」というキーワードを提言しました。きっと聞き手のライターは、これを小見出しに立てるだろうなあ、と思いながら。

これが、「キーワード力」です。プレゼンテーションや報告会、講演会などで、聞き手が思わずメモをとりたくなるようなフレーズをいくつも入れながら話をすると、みんなが集中して話を聞いてくれるようになります。

何がキーワードになるかわからない人は、講演会を聞きに行くといいでしょう。講師がどんなフレーズを言うと、聴衆がメモをとるか、その様子を学ぶことができるからです。あなたも、それを真似してみましょう。

では、「キーワード力」はどのようにして身につけることができるのでしょうか。

一つには、とことん考えて詰めていくように努力することです。

「自分はこれからこういうことを言いたい。もしひと言で言うと、どう言えるだろうか。要するにどういうことだろう」と考え抜くのです。そこからキーワードは生まれてきます。

また、寺山修司の著作の題名のような、リズムのいい、考えさせられるフレーズを多数知っておくことです。そうすれば、それをもじったキーワードをつくり出すことが可能になります。寺山修司なら、他にも「身捨つるほどの祖国はありや」という有名なフレーズがあります。これなど、憂国《ゆうこく》の情を吐露《とろ》するときに、使える名文句です。

キーワードを生かした説明に

講演や報告会の準備をしていてキーワードを思いついたら、そこで終わらずに、もうひと手間かけましょう。「そのキーワードを生かした説明に原稿をつくりかえる」のです。キーワードが生きるように、キーワードをそれぞれの小見出しにして、原稿の流れをつくるのです。

キーワードを、話の「つかみ」にしたり、「さわり」で触れたり、要するに「こういうことです」という結論に使ったり。

原稿を建造物にたとえるなら、キーワードは、いわば建造物の柱にあたります。いくつものしっかりした柱があってこそ建造物が堅固になるように、キーワードを重視することで、構造のしっかりした原稿が完成するのです。

アメリカのサブプライムローンの破綻《はたん》に端を発した国際金融危機は、住宅ローンの債権を担保にした証券を、金融工学の手法を駆使して複雑に組み合わせた金融商品に仕立てあげて販売していたことが問題でした。

この金融商品は、複雑に組み合わせているものですから、中身が見えません。しかし、金融工学を駆使しているので、格付け会社は、絶対安全という意味の「トリプルA」をつけます。この問題をやさしく解説するにはどうしたらいいか考えているうちに、ふと気づきました。「中身が見えないけど、お買い得だというお墨付きがある商品」といえば、日本独特の商品があることに。

「福袋」です。これがキーワードになりました。

一方、いったん金融不安が広がると、金融商品の中身には、価値のあるものと、値段がほとんどつかないものが混在することになります。価値があるものとないものが一緒に入っているが、外からはすぐにはわからない。同じようなものが日本にはありますね。「闇《やみ》鍋《なべ》」です。二つ目のキーワードを思いついたことで、サブプライムローン破綻のニュースをわかりやすく解説することができました。

「お買い得な福袋だと思って金融機関が大量に買い込んだら、実は闇鍋だったのです」と。

抽象的なキーワードはまとめに

キーワードが抽象的な場合は、報告の最後に使います。

たとえば私が「週刊こどもニュース」を担当していたときの経験をキーワードにすれ

ば、「暗黙知のギャップ」という言葉になります。

番組が始まった頃、子どもたちに説明してもなかなか理解してもらえず、悪戦苦闘を繰り返しました。私たち大人の常識が子どもたちに通用しないのです。そんなあるとき、大人が当然知っている常識と、子どもたちの常識の間には大きな溝が存在していることに気づきました。これをひと言のキーワードにまとめれば、「暗黙知のギャップ」です。

しかし、「こどもニュース」の経験を人に語る際、「暗黙知のギャップが問題でした」といきなり述べても、何のことかわかってもらえません。キョトンとされるだけでしょう。

このような抽象的なキーワードは、最初ではなく最後に出して、話をまとめます。

「子どもたちにこんな話をしたら『え、それどうして?』って聞かれるのです。『そんなことも知らないのか』とびっくりしましたが、私たち大人の常識を子どもたちは持っていないのは、考えてみればあたりまえです。大人はそれまで何十年も生きてきて、自然にそれらの知識を身につけてきたわけですから。それってつまり『暗黙知のギャップ』なんだと気がついたのです」

わかりやすいキーワードは「つかみ」に使える

一方、わかりやすい説明をするためには、「相手への『想像力』が必要だ」という言葉がキーワードだとしたらどうでしょう。同じような抽象的な概念ですが、このぐらいわかりやすければ、先に述べた話の「つかみ」で使えます。

「相手に対する想像力が必要です」と言われれば、それだけで何となく意味がわかります。抽象的でも「あ、そうだよね。うん、そうそう」って思ってもらえるキーワードなら、最初につかみで出していいのです。そのうえで、キーワードの意味を具体的な例を出しながら説明していきます。

「わかりやすい説明をするというのはとても大事なことです。そのために、いちばん考えなければいけないポイント、それは相手に対する想像力、イマジネーションです。相手に対する想像力というのは具体的に言うとどういうことかと言いますと……」

そして、以下のように結びでもう一度ふれます。

「あなたの話を聞いている相手は、自分とは生まれも育ちも違うわけだし、持っている常識が違います。そんな人たちにどういうふうに話をすればいいのか。伝えようとする相手のことを一生懸命考えます。当然のことながら、相手のことがよくわかっていないと、どういう伝え方をしていいかわかりません。そこで、相手はどういう人なのだろう？　どういうことを言えばわかってもらえるかな？　と考える。これがつまり、相手への『想像力』ということなのです」

コラム　6

「修飾語」の罠

プレゼンテーションをするときは、前もって原稿を書くことでしょう。その場合、書く人は、「話す」文章ではなくて、「読む」文章を書くことになりがちです。声に出さずに目で読む文章です。

しかし、目で見てわかるということと、耳で聞いてわかるというのは、まったく別の話です。

読む文章は、途中でわからなくなったら前に戻ることができます。しかし、耳で聞く場合は、前に聞いたことを聞き戻すことはできません。一回きりで流れていくものです。後戻りできない文章を書かなければならないのです。そんなとき、大事なことは、長い修飾語をつけない、ということです。

修飾語が延々と続いてから主語がようやく出てきて、途中にまた修飾語がいくつも入って述語という文があります。このような文では、「主語は何だったっけ?」とわからなくなることがあります。

書き言葉なら、主語あるいは名詞に形容詞をいろいろつけることはよくありますし、目で見て確認しながら読むことができます。しかし、耳で聞いていて修飾語が続くと、「あれ、これはどこにかかるのだろう?」と落ち着かなくなってしまいます。

私の場合、基本は、「主語＋述語」の文にします。その主語について修飾したければ、後に続けて修飾していきます。

たとえば、次のような文があったとします。

Ａ「たぐいまれなる能力を持ち、若い頃から絶大な力を発揮してきた○○さんは、このたび、本来ある力をフルに発揮して、このような素晴らしい作品を発表されました」

私なら、この文をＢのように直します。

Ｂ「○○さんはこのたびこういう作品を発表されました。○○さんといえば、それこそ若い頃からたぐいまれなる才能を発揮されていました。それがまさに十二分に発揮できた作品です。この作品にはこうこうこういう要素があります」

話し言葉は、「○○さんはこうです。○○さんといえばこうですよね」と、あとから修飾を付け加えていくのが自然な構造になっています。聞きやすい話にするには、この構造を守ることが大事です。

いわば、英語の関係代名詞と同じなのです。英語の語順から明らかなように、関係代名詞は、まず「○○さん」が登場した後、「○○さんは、こういう人ですけど」という説明や注釈、修飾語がついていきます。日本語でも、この調子で話せばいいのです。

英語の関係代名詞を日本語に訳すときに、直訳だと「何とか何とか何とかしたところの○○さんは」となります。Aはこれと似ています。このような表現は、聞いている人に緊張を与えてしまいます。何が言いたいのだろう、この形容詞はどこにつながるんだろうと注意していないとわかりません。

本来の関係代名詞とは、そういうものではなく、話し言葉的なのです。「○○さんは」と言ってから、「そうそう、○○さんはこういう人なんだけど」ということを後から補っていくものです。日本語のしゃべりでは、英語の関係代名詞の用法を活用しましょう。

コラム　7

用語は三段階に分けてかみくだく

専門用語をどこまでかみくだくかについては、私は相手に合わせて、三段階で考えます。二〇〇八年の秋、私が卒業した大学の経済学部のゼミのOB会がありました。金融界で働く現場の人たちの報告があり、専門用語が飛《と》び交《か》いました。

リーマン・ショックの後しばらくは、LIBOR（ライボー）が高止まりしてしまった。そこからさらにスプレッドがつくから、資金調達はコストが高くつき、金融機能がマヒしてしまった。

専門知識のある人たちへの報告ですから、この場合、用語はそのままでかまわないわけです。しかし、同じような内容を、もし私が一般の人々に話す場合には、一つひとつ言い換えていきます。

LIBORというのはロンドンでの銀行同士の短期のおカネの貸し借りのときの金利のことをいいます。スプレッドというのは上乗せです。金融機関が資金を借りる場合、短期の金利に上乗せ分の金利がつくわけですから、資金を借りるのが大変困難になったのです……。

これを、子ども向けに話す場合は、さらにかみくだきます。

銀行同士は、いつもおカネの貸し借りをしているんだ。でも、おカネを貸したけれども返してもらえないかもしれないとなると、とっても不安でおカネを貸したがらなくなるよね。こういうとき、どうしてもおカネを貸してくれっていうなら、怖いからその分、お礼のおカネの利子は高くつくということになった。このため、銀行がお金を借りるのは、とても難しくなったんだ。

このような三段階で、さらに相手によってアレンジして言い方を変えていきます。相手のレベルに合わせたかみくだき方があるのです。

第9章　「声の出し方」「話し方」は独学でも

話し方研修に立ち会ったが

ある役所から、「職員にプレゼンテーションの研修をするので、指導してもらえないか」と依頼を受けたことがあります。住民と接する機会が多いので、役所の方針をわかりやすく説明できるように、職員のコミュニケーション能力を向上させたい、というのが目的の研修でした。

研修では、「自分の仕事」をわかりやすく説明するという課題で、一人ひとりに三分間ずつ発表してもらうことにしました。

ところが、職員の多くは、下を見て、ボソボソと原稿を読み上げます。下を向くので声帯や胸が圧迫され、声がこもってしまいます。会議室全体に通る発声ができないのです。もったいないことですね。せっかくの内容が相手に伝わりません。話し方や態度は、そのまま第一印象になります。

たまらず私は、アナウンサーの腹式呼吸の方法を紹介してしまいました。

腹で声を出せば腹が据わる——「腹式呼吸」独学

アナウンサーというのは、よく通る声をしていますね。明るい声です。もちろん生まれつきの能力もありますが、放送局に採用されてからの研修で、あれだけの発声ができるようになっているのです。その一番の秘訣が、「腹式呼吸」です。

ＮＨＫに記者として入社した私は、そのような訓練は一切受けたことがありません。キャスターとして出演するように業務命令を受けても、特にトレーニングを受けさせてくれるわけではありませんでした。仕方なく、カメラの前での声の出し方、話し方を、まったくの独学で身につけました。つまり、誰でも独学で、ある程度の発声法は身につけることができるのです。

私は三八歳のときに、「ニュースセンター８４５」でキャスターとしてニュース原稿を読むことになりました。キャスターの仕事が決まり、慌《あわ》ててスタジオでニュース原稿を声に出して読んでみましたが、息が続きません。滑舌も悪く、大きな声を出そうとすると、声帯に負担がかかってしまいます。

これはたまらんと思い、ＮＨＫの『アナウンス読本』を買いました。

ここには、発声法から説明されています。そこで知ったのが、「腹式呼吸」でした。「喉で声を出すのではなく、腹から声を出す」という方法です。

私の場合、なかなか特別に毎日時間をとることもできませんでした。そこで、ちょっとした時間、たとえば電車の中でたまたま座れたなら五分間＝ふた駅分の間に、深呼吸を繰り返すという練習をしてみました。

腹に力を入れて声を出すということを一日に何回か自覚的に繰り返しているうちに、気がつくと、マイクなしでも遠くまで声が響くようになりました。喫茶店などで小さな声で話したつもりが、はるか遠くの人が振り返ったりして、「あんな所まで声が届いていたのだ」と驚くこともしばしばでした。

なおかつ、腹式呼吸で話すと、喉がくたびれないということも実感しました。

あなたも試してみてください。まず椅子に深く腰掛け、背筋を伸ばします。深呼吸をして、息をたっぷり吸い込みましょう。腹に力を入れ、ゆっくりと息を吐き出します。

これを何回か繰り返したら、今度は、息を吐きながら、大きく「あー」という声を出してみましょう。その際、喉に力を入れず、腹から声を出すつもりになってください。

「あ〜〜〜〜」と伸ばして長い音で出してみてください。

そのときに、なるべく低い声を出そう、あるいは体を共鳴板にしようと心がけてください。「あ〜〜〜〜」と声を出したときに、手を胸に置いてみましょう。胸がビリビリと共鳴するようになれば、しめたものです。

どうですか。身体全体が共鳴している感じになりませんか。身体全体が、まるで楽器のように共鳴するようになるまで繰り返してみてください。これが腹式呼吸による発声法です。

腹式呼吸を知らず、普通に声を出していると、どうしても喉、つまり声帯に負担がかかります。大勢の前で一時間から一時間半、大きな声でしゃべり続けて喉がクタクタになった、声が嗄《か》れたという人がいますが、それは、喉だけで声を出していたからです。

腹式呼吸の発声法は、声楽家の方法です。声楽家は身体を楽器にします。オペラのように、大きな舞台で朗々と歌い上げる人は、身体全体を共鳴させているのです。

ギターやバイオリンなどの弦楽器も、弦だけではなくて、それを支える木の箱全体が共鳴するから、大きな音を響かせることができるのです。喉は、弦楽器の弦の部分にあたります。身体が木の箱の部分です。喉だけを使って声を出していると、キーキー声になってくたびれてしまいます。それが、腹式呼吸を身につけて腹から声を出すと、声帯のちょっとした音を、体全体を楽器にして響かせることができるので、遠くまで声が響くのです。声帯にも負担がかかりません。

以前、地方の小学校の講堂で講演をしている最中に停電が起き、マイクが使えなくなったことがありました。マイクなしで話を続けましたが、体育館の後方にいる人にも声が届き、喉が嗄れることもありませんでした。このときほど腹式呼吸の発声法を学んでおいてよかったと思ったことはありません。

腹式呼吸ですと、自然に低音になり、落ち着いたしゃべりができるようになります。自信に満ちたしゃべりに聞こえるようになります。自信に満ちたしゃべりをすると、説得力も増します。プレゼンテーションで有利になることは言うまでもありません。

テレビの女性キャスターで、あなたが聞いていて安心感を覚える、落ち着いて聞けるという声は、かなり低いはずです。それに対して、「聞いていてイライラするな、何か落ち着かない」という若いリポーターは、まるで頭のてっぺんから声を出しているようなタイプではないでしょうか。

あなたにもできる、四〇代からでも五〇代からでも身につく発声法。試してください。

口を大きく開けよう

この本の編集者の堀沢さんは、自分の声が暗いことに悩んでいるそうです。なかなか魅力的な声だと思うのですが、「自分の声は暗い」と思っている人は、他にも多いようです。

腹式呼吸をマスターすると、温かみのある声になり、暗さを感じさせなくなります。手っ取り早く明るい声になりたい人には、次のようなアドバイスを。

いつも口を大きく開けるように努めてみてください。暗い声の人は、口の開き方が小さく、ボソボソと聞こえます。大きな口を開けるようにするだけで、明るい声に聞こえます。

笑うときも、「ふふふ」「ほほほ」ではなく、「わっはっは」と、大きな声で笑うようにしてみましょう。それだけでも、「明るい声」になっていきます。

えっ？　はしたないことはできないって？　世の中は、何かを獲得すると、何かを失うのです。

日本語の発声の基本は「あいうえお」

聞き取りにくい話し方をすることを「滑舌が悪い」と表現します。

同じ話をしていても、滑舌がいい人と悪い人では、相手に与える印象が全然違います。

滑舌が悪いと、「さ」だか「た」だか、「が」なのか「な」なのか、区別がつきにくくなります。ネクラで、自信がなさそうな印象も与えてしまいがちです。話を聞きながら「何が言いたいんだ」と感じさせてしまうのです。反対に滑舌がいいと、明るくて自信に満ちている印象を与えます。

私もキャスターを始めた頃、滑舌がよくないと言われたことがあります。

滑舌に自信がなくても、練習で改善できます。大きな声で「あいうえお」を繰り返してみるのです。

日本語は、基本的に五つの母音で成り立っています。

文の最後はふつう母音で終わります。たとえば、「こういうことでした」なら、「た」はa（あ）で終わるでしょう。「こういうことです」はu（う）でしょう。

日本語の基本は「あいうえお」なのです。

ですから、五つの母音を、腹式呼吸で腹に力を入れながら声に出すことができれば、声の印象は、明るくてはっきりしたものに確実に変わります。

アナウンサーの場合、毎朝のように、「あいうえお、あお、かきくけこ、かこ……」とトレーニングをしていますが、プロでなければ、別に五十音図全部の練習をしなくても大丈夫。プレゼンテーション当日の朝に、大きく口を開けて、「あいうえお」を何回か繰り返すだけで、あなたの声の質は、見違えるように変わります。

複式呼吸と滑舌は「話の地図」を支える

腹式呼吸や滑舌をよくするトレーニングすることには、さらにもう一つ、別の効果があります。

落ち着いた、滑舌のいい話し方ができれば、自信に満ちたしゃべりになります。聞いている人に「この人は信用できるな」という安心感を与えることができるのです。

第1章で「まず話の地図を示そう」と述べました。

「その地図が合っているかどうかはわからない。大丈夫だろうか」と相手が思ったときに、信用を与えるのが、落ち着いたしゃべり方、低い声です。

一方、滑舌は、地図の輪郭や道路を示す線です。薄い線やゴチャゴチャした線だと、どう行けばいいか迷ってしまいます。滑舌がしっかりしていれば、道筋がクリアに見えてきます。太くてわかりやすい道をたどっていこう、と聞いている人たちを、目的地に連れていくことができるのです。

腹式呼吸で獲得した落ち着いた声が「地図」の保証書になり、「あいうえお」の練習で得た滑舌のよさが、見やすい「地図」を作り出すのです。

第10章　日頃からできる「わかりやすさ」のトレーニング

1　私の勉強法・情報収集術

愚直に情報を集める

「ニュースの解説や本の執筆のために、池上さんはどのような勉強をしていますか？」

「自分でできるわかりやすい説明の勉強法はありますか？」

このような質問をときどき受けます。

何か秘密の勉強法があるかのような質問ですが、特別な方法はありません。新聞や書籍などから愚直に情報を集め、自分なりに咀嚼《そしゃく》しているだけです。ですが、「愚直に集める」とはどういうことかを開示しておきましょう。

私に特別な情報源があるわけではありません。情報入手法の条件は、あなたと同じです。新聞、テレビ、雑誌、本、インターネットです。

ただし、世界各国に駐在するスパイ諸氏も、情報源の九八パーセントは（九五パーセントかもしれないし九九パーセントかもしれませんが）、その国の公開情報なんだそうです。私たちみんな誰もが入手できる情報を分析することで、インフォメーション（情報）をインテリジェンス（諜報）に加工して本国に送っているということです。

ということは、私たちも情報を分析・加工することで、かなりのものが得られるということなのです。

新聞には「ノイズ」があふれている

ＮＨＫに勤務していた頃、自宅で購読していた新聞は二紙でした。残りの新聞は、会社で目を通すことができたからです。しかし、退職してフリーランスになると、そうはいきません。現在は、新聞を毎日七紙とっています。多数の新聞が入るように、郵便受けを改造しました。またインターネットのメールサービスに登録し、海外三紙の記事が毎日メールで届きます。

この他、月刊誌を五誌、週刊誌を五誌、それぞれ定期購読しています。定期購読はしないまでも、経済週刊誌のうちのいくつかを毎週書店で購入します。

こうした情報源の中でも、とりわけ重視しているのは新聞です。各社の新聞記者たちがしのぎを削って毎日取材に駆け回り、手だれのベテラン記者が、腕によりをかけた名文を競い合う。それだけのものが手に入るのですから、「新聞が没落した」といっても、私には貴重な情報源です。

みんなが新聞を購読しなくなると、新聞を定期購読しているというだけで、他人に情報力で差をつけることすら可能になるのです。

ニュースはインターネットで得るという人が多いのですが、インターネットのニュースでは、多くの人が、自分が知りたいことしかクリックしません。その結果、自分の興味や関心のないことには、驚くほど疎《うと》くなっている現実があります。自分では「ネットでニュースを見ているから大丈夫」と思い込んでいても、実は社会や私たちにとって重大なニュースを見過ごしていることが、いくらでもあるのです。

その点、新聞には、私たちが知りたいと思うこと以外の情報が満載です。いわば「ノイズ」にあふれています。そこがいいのですね。

自分が知りたいと思わなかったニュースでも、向こうから飛び込んできて、結果的に自分が獲得する情報量が増え、視野も広くなっていきます。

一般の人は、複数の新聞を購読するのはむずかしいでしょうが、私が大事にしているポイントは、新聞の読み比べです。同じニュースでも、新聞によって、書き方のトーンが大きく異なることがしばしばあります。その視点の違い、料理法の違いが、大変勉強になるのです。

テレビ局の多くは、それぞれ新聞社と資本関係にありますが、だからといって、意外にかばいあいはありません。たとえば、日本テレビの「真相報道バンキシャ！」が誤報したとき、日本テレビの広報の発表を信じないで、独自に裏づけ取材をし、日本テレビのずさんな取材ぶりを告発したのは読売新聞でした。

テレビ朝日がかつて「やらせ取材」をしたことが明るみに出たときに、これをいちばん激しく糾弾したのは、朝日新聞でした。

「オレたちと一緒にしないでくれ！」という新聞記者の思いが伝わってきて、面白く読んだものです。

解説記事が充実してきた

新聞各社は、インターネットに客をとられ、新聞離れの傾向が進んでいることに危機感を持っています。ネットと新聞の棲《す》み分けを考えるようになりました。

そこでの特徴は二点です。一つは、政府の白書など資料的な価値は高いものの、紙面のスペースを大きくとる情報に関しては、自社のホームページに掲載して、「興味ある人は、そちらで資料やデータを見てください」という態度をとるようになりました。

もう一つは、速報はネットで、詳しい解説は本紙で、という分け方です。大きなニュースの第一報など速報はネットに掲載するものの、詳しい説明は、本紙で展開するようになりました。ややこしい問題ですと、一ページ全部を使って解説することも多くなりました。

私は、この解説記事を熟読するようにしています。自分が知っている知識、情報を、他人が（つまり新聞記者が）どう料理、解説するかを知ることは、自分の知識を整理することになりますし、他人の解説方法を学ぶこともできるからです。

スクラップで保存する

こうした解説記事のうち、読んでみて役に立ちそうなものは、スクラップにします。私の新聞スクラップ法は、二段階に分かれます。

ニュースバリューを判断するのはむずかしいものです。その時点で大きなニュースとして扱われても、しばらく経《た》つと、大したニュースではなかったということがあります。その一方、当初は大きな扱いをされなかったけれど、やがてドンドン大きなニュースに発展する、というたぐいのニュースもあります。

新聞の場合、その日その日のニュースの中で扱う順位が決まります。この結果、大きなニュースが目白押しの日は、たとえ大きなニュースでも小さな扱いになります。逆にニュースが少ない日は、大したニュースでなくても相対的に大きな扱いになります。

つまり、新聞記事の見出しの大きさだけでニュースバリューを判断することはできないのです。

そこで私は、時間にニュースバリューを選別させます。一定期間新聞を保管しておき、後から振り返って、本当に大きなニュースかどうかを判断するのです。そのためには、新聞をしばらく保管しておく必要があります。ところが、毎日七紙の新聞全部を保管すると、我が家は新聞に埋もれてしまいます。

そこで、参考になる記事があったページをビリビリと破き、そのページだけを丸ごと保管するのです。破いた残りは古紙回収に出してしまいます。本当は新聞の全ページを保管しておきたいところですが、さっさと処理しないと、新聞の置き場がなくなってしまうからです。

一ページ丸ごと保管している新聞は、定期的に見直します。すると、大きな記事になっていても、本当にニュースバリューがあったのかどうか、判断できるからです。

見直した段階で、やはり大きなニュースであったなら、今度は、個別の記事を切り抜き、コピーし損じたA４の紙の裏面に貼っていきます。どんなに大きな記事も、わずか十数行の小さな記事も、同じ一枚の紙に貼ります。整理で大事なことは、サイズを合わせることだからです。

こうしてできあがった自分専用のスクラップは、テーマごとに分類し、透明なファイルに差し込んでおきます。これで、ニュース解説用の資料集めの第一段階は終了です。

リアル書店に行こう

ニュースを解説するための資料には、「フローとストック」があります。フローとは、日々流れるニュースのこと。ストックは、そのニュースについて、「これは、そもそも」と語れる基礎資料です。フローは新聞のスクラップでまかなえます。ストックは、専門の書籍です。フローとストック、新聞と書籍の組み合わせが大事なのです。

本を買う際、忙しいとついネット書店で注文しがちです。

ネット書店のキーワード検索、書名検索は非常に便利ですし、既刊をすぐに取り寄せることも可能です。読者のレビューも参考になります。

しかし、本当はそれだけでは不十分です。

デジタルの時代でも、アナログなやり方は大事です。リアル書店（ネット書店のようなバーチャルなものではなく、実際に書籍を並べている書店のことを、こう呼ぶ）に行って並んでいる本を眺めることで、役に立つ資料がよく見つかるのです。

探しているジャンルの棚に並んでいる本の題名を片っ端から見ていくと、「キーワードはタイトルに入ってないけれども、自分が探し求めていた本だ」という本が見つかります。

あるいは、そのものズバリではなくても、役に立ちそうだなという嗅覚《きゅうかく》が働く本が出てきます。

私の場合は、仕事柄、関係のありそうな本はそこで全部買ってしまいます。

もちろん、立ち読みをして、基本書と思われる本を中心に何冊か買うのでもかまいません。書店で見ておいて、図書館で借りてもかまいません。

書店に通って探すのが習慣になると、どれが基本書で、どれがそれを踏まえて書かれたサブテキスト的な本かということがわかるようになります。

と言っても、最初から見分けをつけるのはむずかしいかも知れません。たとえば「世界恐慌」をテーマにした本を探しているとしましょう。二〇〇八年秋以降、これをテーマにした本が大量に出版されました。大量の本に埋もれてしまいそうですが、まずは、危機をひたすら煽《あお》るような題名の本は避けたほうが無難です。あまりに売らんかなの思惑が見えてしまいます。こういう題名の本の場合、中身も針小棒大、大したことのないものを重大に言いつのっている可能性があります。

本の中身に自信のある著者や編集者であれば、落ち着いた題名にするはずです。また、いつもさまざまな危機を煽り立てる本ばかりを出している出版社の本も、要注意です。そういった出版社でも、もちろん良書を出すこともあるのですが、ハズレの可能性は高くなります。

これは著者にも言えることです。危機を煽る本を多く出している著者というのは、いつもリアル書店を覗《のぞ》いていると、わかってきます。いつもは書店に行かず、必要に迫られて駆けつけるような人は、その著者の過去（!?）を知らずに、つい買ってしまいがちです。

一九二九年から始まった世界大恐慌について、しっかりとしたデータにもとづいて冷静に筆を進めている本であれば、アタリの可能性が高くなります。アメリカの経済学者が書いた基本書と、日本の実績ある経済学者ないしは経済ジャーナリストが書いた日本や世界の経済分析の本を押さえておけば、とりあえずは大丈夫でしょう。そのうえで、興味を惹いた本を、サブテキストとして購入するといいでしょう。

たとえば、アメリカの経済学者の基本書としては、ガルブレイスの『大暴落1929』（日経BP社）や『バブルの物語』（ダイヤモンド社）、日本の経済学者の本としては、浜矩子の『グローバル恐慌』（岩波新書）がお勧めです。

二〇〇九年四月にメキシコで発生した新型インフルエンザをきっかけに、インフルエンザやパンデミック（爆発的大流行）について勉強しようと思えば、インフルエンザウイルスの基本的な仕組みについて書かれた初心者向けの科学書を一冊、「スペイン風邪」が大流行した当時の歴史を描いた本を一冊揃えておけば、とりあえず基本書を押さえたことになります。

折にふれて本探しをしていると、何が基本書か、発見する嗅覚が発達してきます。健闘を祈ります。

新書から入る方法も

ここ数年、新書ブームが続いています。かつては新書といえば御三家（岩波新書、中公新書、講談社現代新書）でした。専門分野の学者が、広く一般の読者に専門知識をわかりやすく解説するという性格のものでした。

しかし、いまや数多くの出版社が、このジャンルに進出しています。「専門知識をやさしく解説」という本筋をおさえた本もありますが、タレント本、その場限りで消えていく本も増えてしまいました。

それでも、ある事柄を学ぶうえで、新書は入門書の役割を果たします。新書は、「ワンテーマ」が原則。ある一つのテーマについてわかりやすく解説していますから、そのテーマについて勉強するのに手っ取り早く役に立ちます。先ほど例にあげた『グローバル恐慌』など、基本書でもあり、入門書にもなる本です。

きちんとした教養新書では、引用文献や、そのテーマの重要な参考文献について、著者は必ず文中や最後に示しています（この本では、そういうものがなくて恐縮です）。さらに詳しく勉強する際、この文献目録が役に立ちます。

何かあったときにまず新書で見て、それを道しるべとして、その先へ行くという読み方をすればいいのです。

他人に説明することを念頭に調べてみる

こうやって、必要な情報を集めることができたとしましょう。次は、どうすれば「わかりやすい説明」ができるか、です。

私は、「週刊こどもニュース」を担当していた一一年間、毎週のように、世の中の出来事をどう子どもたちにやさしく説明できるか、そのことばかりを考えてきました。その結果、悟ったこと。

その一つは、「わかる」とは、自分が持っているバラバラな知識が一つにつながるということなのだということでした。

たとえば、インフルエンザのニュースがあったとしましょう。インフルエンザを引き起こすのはインフルエンザウイルスというウイルスであって、ウイルスは細菌とは違うのだという説明を聞くことで、これまで頭の中にあった「ウイルス」と「細菌」の用語がつながります。インフルエンザ対策として、免疫の力やワクチンの予防接種があるという話を聞くことで、バラバラだった「免疫」と「ワクチン」という用語がつながります。

したがって、わかりやすい説明をするためには、伝える相手の頭の中に、どのような知識があるのかを知ったうえで、あるいは想像したうえで、バラバラな知識が一つにつながるような論理構成を考えればいいのです。

自分の頭の中にあった別々の用語の関係がつながった瞬間、人は「あっ、わかった！」と叫びたくなるものです。

もう一つは、「自分が理解する」ということと、「他人に説明できるほど理解する」ということの間には、大きな落差があるということです。

あるニュースについて勉強して、「よし、理解できたぞ」という状態になっても、他人から、「だったら説明して」と頼まれると、どう説明していいか、わからない。

そんな経験をしたことはありませんか。

自分ではわかっているつもりなのに、どう説明していいか、糸口が見つからない。歯がゆいですね。私も一一年間、こんなことの繰り返しでした。

ところが、「これを子どもたちに説明するには、どうしたらいいだろうか」という問題意識を持って調べると、意外に理解が進むのです。

たとえば、日本銀行の金融政策について、取り上げるとしましょう。

「日銀は、コール市場での短期金利を誘導することで、金融機関同士の金利水準をコントロールしている」という解説文があったとしましょう。読んでみると、なんとなくわかるような気がします。でも、小学生にはとても説明できそうにありません。

そこでまず、「コール市場」について調べます。

銀行など金融機関は、日々資金の貸し借りをしています。金融機関の手持ちの現金というのは、意外に少ないもの。預けられた資金は、貸し出しに回されているからです。そこで、大口の資金の引き出しなど現金が必要になると、他の金融機関に対して、短期間の融資を申し込みます。このやりとりのことを「コール市場」というのだということがわかってきます。

「コール」とは英語の「呼ぶ」。貸した資金を「返してくれ」と呼べばすぐに戻ってくるので、こう呼ばれるようになったということがわかってきます。

ここまでわかれば、子どもに説明できますね。

銀行は、いつも金庫にたくさんの現金は置いていないんだ。必要なときは、他の銀行とお金の貸し借りをしている。お金が必要になると、「おーい、お金を貸してくれー」と呼び、お金を貸した銀行が、お金を返してもらいたいときには、「おーい、お金を返してくれー」と呼ぶので、「呼ぶ」という意味の英語でコール市場という。

さて、では次に、「短期金利の誘導」です。「短期金利」というのは、コール市場でのごく短い期間の貸し借りのときの金利だということはすぐにわかります。では、「誘導」はどうするかといえば、日銀が各金融機関の保有している国債を売買することによって行います。日銀が国債を買い上げれば、その分だけ銀行に現金が入りますから、銀行は、他の銀行に資金を貸しやすくなります。それだけ金利が下がります。

金利を引き上げたいときは、逆に日銀が保有している国債を銀行に売却して、銀行が持っている現金を吸い上げます。

これだけわかれば、子どもに説明できますね。子どもに説明する場合は、「国債とは何か」という説明もしないとダメですよ。では、応用問題として、あなたが説明してみてください……。

わかりやすい説明をするには、インプットつまり情報収集をしているだけではダメなのです。実際に、自分で説明してみましょう。やってみて初めて、何が足りないかを知ることができます。

つまり、アウトプット（情報発信）をしてみることで、アウトプットには何が必要かわかり、そのためのインプットの方法が見えてくるのです。

インプットあってのアウトプット、アウトプットあってのインプット、なのです。

2 「わかりやすい話し方」の自己トレーニング

気のおけない友人や同期に感想を聞く

プレゼンテーションをした後で、フィードバックをして上達につなげたい。そう思う人は多いと思います。

いちばん簡単なのは、その会場にいる人の中に、気のおけない友人や同期、遠慮会釈なくズケズケと言ってくれる人を見つけることです。その人に、自分の話がどうだったか、後から聞けばいいのです。

とはいえ、「私の話はどうでしたか」と聞かれても、たいていは社交辞令で「いいプレゼンテーションでした」と答えるものです。

ズケズケと率直にものを言ってくれる人でも、プレゼンテーションの直後ですと、さすがに気を遣って、「よかったよ」と言うに決まっています。ですから、一日たってから「昨日のプレゼンテーションはどうだった?」と聞いてみましょう。

そうすると、たとえば、次のような答えがかえってくるかもしれません。

「うん、よかったけどね……」

この「よかったけどね」のあとの「……」の部分が大事です。

「ここがちょっと弱かったんじゃないの。ここをやればさらによくなるよ」というようなことをもし言ってくれれば、自分の弱点がわかってフィードバックできます。

と同時に、自分に対して、率直にものを言ってくれる人を、大切にしましょう。いくら自分がプレゼンテーションに自信があっても、「いまいちだね」と言われたときに、怒らないことです。怒ってしまうと、その人は二度と率直な感想を言ってくれなくなります。

また、率直に指摘されると、思わず、「そうは言っても、あの会場は広すぎて音響も悪く……」などと弁解したくなりますが、決して弁解はしないことです。弁解してしまうと、やはり次から指摘してくれなくなります。

自分のプレゼンテーションを録音する

日ごろからできる効果的なトレーニングとしては、自分のプレゼンテーションを録音するという方法もあります。

自分の声を聞くのは恥ずかしいですし、嫌になって自信をますます失ってしまうかもしれません。そんなときは、全部を聞き返さなくても結構です。とりあえず十数分程度、聞き直してみてください。

自分では、ゆっくりと落ち着いて話していたつもりだったのに、実際には早口で何を言っているのかわからなかったり、「えー、あのー」がひっきりなしに出てきたり。おそらく愕然《がくぜん》とするはずです。実は私も、テレビ出演の録画を見ると、そのたびに落ち込みます。

成長のためには現実を直視すること。ゆっくり落ち着いて話しているか。十分な間をとっているか。意味のない「あー」や「えー」などの間投詞が多すぎないか。一つ一つの点について、チェックしてみましょう。

でも、いっぺんに全部は改善できないもの。一回につき一つでも改善するように努力していくと、やがて見違えるようによくなっているはずです。

他人の講演から学ぶ

他人の講演を聞くことも、話し方の勉強になります。

この人は面白かったな、上手だったなと思ったら、「どこが上手だったのだろう」と自分なりに考えてみることです。

たとえ面白くない、眠くなるような講演も、それを反面教師として学ぶことができます。「これは、どこが悪かったのだろう」「この人の話はなぜつまらないんだろう」「どうすればよくなったのだろう」と考えるのです。

そうすると、「眠くなったのは、話し方が単調だったからではないか」「わかりにくかったのは、話の順番が違っていたからではないか」「結論から話すべきではなかったか」などと気づくはずです。

研修での退屈な話、上役のつまらない話、朝礼の挨拶や講話を聞かされるときも、「これを面白い話にするためにはどうしたらいいだろう」と考えながら聞くと、実は大変楽しい時間になるのです。ちょっと性格が悪いですかね。

人の話を聞くことは「話すトーン」についてのいい勉強にもなります。眠くなる話は、ひたすら同じトーンで話していることが多いことに気づくはずです。いや、気づく前に寝ているでしょうかね。淡々と一本調子の話し方は、いくら内容がよくても、眠くなります。

話がうまい人は、ときどきトーンを変えます。淡々としゃべってきて、ある箇所で突然話を止めます。すると聞いている人は「あれ、どうしたんだろう?」と注意を惹きつけられます。間をためてから、「実はね」と急に調子を変えます。聞き手は、講師の術中にはまってしまいます。

あるいは、「ある人がこう言ったんです」と述べてから、その人のしゃべり口調を真似たり、急にテンポを変えたりします。トーンやテンポを変えていくと、聞いている人を飽きさせないのです。

急に早口になって甲高い声で話してみたり、フッと力を抜いて間をおいてから低い声で、言い換えればドスのきいた声で続けてみたり。田中角栄元首相や、ハマコーこと浜田幸一元代議士は、これが実に巧みでした。それが、人を惹きつける魅力にもなるのです。

計算されつくした話術とは

ときどき、「話し方のお手本になった人はいますか?」と聞かれることがあります。

私の場合、キャスターとして出演しはじめて、もっとも勉強になったのは、「ニュースステーション」を担当していた久米宏さんです。

久米さんのニュースについてコメントするときの間の取り方は、実に見事でした。

たとえば、コメントの途中で「これってね」と三秒間を置く。「何を言うんだろう」と思わせてから、「これはつまり……こういうことですかね」と続けるのです。

あるいは、久米さんは、話の途中でいったん間を置いてから、あえて小さな声で続けたりします。小さな声のほうが聞き手が集中する効果を知っての演出です。

自分が言いたいことを視聴者にどうやって伝えるか、ということについて、彼ほど巧みな人はいません。

たとえば、政策や政治家のコメントを批判する場合も、最後まで言い切らずに「寸止め」するのです。「これ以上言うと言い過ぎだぞ」と私がハラハラしていると、その寸前で止めてしまいます。そのコメントを文字に起こしても、厳しい批判の文章にはなっていません。政治家が抗議しようにもできません。

一方、視聴者には、寸止めしたことが逆に言外の意味を与え、結果的に大変厳しい批判をしていると伝わります。これは、「言葉にせずに伝える」という久米さん一流の技術です。

言外に伝えるという点では、ボディランゲージも見事でした。

たとえば、VTRで政治家のコメントが流れます。その映像が終わり、スタジオの久米さんが映ると、久米さんは腕を組んでいます。

腕を組むというのは、相手の話をそのまま受け止めていない、いまの話には異論があるということを、ボディランゲージで示しているのです。

「いや、いい話だ。なるほど」と思ったら手を前に組んで、やや前傾姿勢になって、大きくうなずくでしょう。

身体をそらして腕を組んでみせることによって、否定しているということを暗黙のうちに一瞬で示しているのです。「そうでしょうかねえ」ということを姿勢で示している。このあたりが絶妙で、達者だなあと思ったものです。

このような見事な技術は、もちろん久米さん天性のものもありますが、それ以上に努力、工夫をしていると、私は思っています。彼の話術がどれほど計算しつくされているかは、実は一視聴者として見ていたときには、それほどわかりませんでした。

自分もキャスターを担当することになり、何かコメントしなければいけないという立場に追い込まれてから久米さんを見て、その凄《すご》さに初めて気づきました。「計算しつくされていることを視聴者に感じさせない」ということが見事なのです。格が違うと思いました。

コメントについても、久米さんは、「それを言ってはおしまいだ」ということは言いません。

下手なコメンテーターやキャスターは、その点で間違う人が多いのです。たとえば、次のような「わざわざ言わなくてもいいだろう」というありきたりのコメントです。

「政府には早急な対策を望みたいですね」

これは、何も言っていないコメントです。テレビの前の視聴者は、「それくらい、オレ(私)だって言えるよ」と怒りたくなることでしょう。

言わずもがなのことは言わない。これが意外にむずかしいのです。コメンテーターやキャスターは、「言わない」ということのむずかしさを自覚する必要があります。これ以上言うと、私も「言わずもがな」になりますので、やめておきましょう。

自分の手本を見つけよう

あなたの周囲にも、話が上手な人がいることでしょう。話がとりわけ下手な人もいることでしょう。そんなとき、「なぜ上手なのか」「なぜ下手なのか」を考えてみることです。つかみが上手なのか、間の取り方が上手なのか。具体的な話を重ねた後で一段上の抽象化をしてみんなを納得させるからか、得られるものがあったというお得感を与えるのか。うまい点は身につける、下手な点は反面教師にする。それが、あなたの話し方を上手にする秘訣です。

あなたらしい、個性的な話し方を

とまあ、いささか理想論のような話を書き連ねてきました。書きながら、「お前はそんな偉そうなことが言えるのか」と、もうひとりの自分が突っ込みを入れていました。恥ずかしい限りです。自分のことは棚に上げて、という文章を書いてきてしまいました。

でも、自分の発言、説明に、「もうひとりの自分」が突っ込みを入れる。いわば「ひとり漫才」を繰り返すことも、上達の秘訣なのでしょう。少なくとも、自分のプレゼンテーションに酔ってしまっては、成長の余地はありません。

話が上手なのは確かなのだが、「自分は話が上手だ」という自意識が鼻につく。そんな人もいます。そんな人よりは、「自分は話が下手だ。どうすれば少しでも上手になれるだろう」という努力を忘れない人のほうが、人の心をつかむのです。

あなたも、話が上手にならなくても、たどたどしくてもいいですから、人の心をつかむ話し手になってください。あなたらしい、個性的な話し方を生み出してください。そのためには、「自分はどうして話が下手なのだろう」という自問自答を繰り返すこと、謙虚な気持ちを忘れないことです。

おわりに

私は小学校、中学校、高校まで内気で引っ込み思案でした。休み時間など、いつも教室の片隅にいたような気がしています。

学校で、どれほど目立たなかった生徒かと言えば、高校の同窓会でこんなことがありました。同級生だった女性が挨拶でこう言ったのです。

「池上君がテレビに出るたびに、私の子どもに、高校の同期なのよと言ってきましたが、まさか同じクラスだったとは思いませんでした」

そんな「池上君」が、いつしかテレビに出たり、大勢の人の前で話をしたり、という仕事をしていました。不思議なものです。

なぜ自分は、こんな仕事をするようになったのか。その過程で、何を学んできたのか。それを振り返りつつの本になりました。

この本を担当した編集者の堀沢加奈さんは、「自分は話が下手だ」といつも落ち込んでいるそうです。でも、第10章の最後で書いたように、「自分はどうして話が下手なのだろう」という自問自答、謙虚な気持ちを忘れないことで、相手の心をつかむ能力を身につけました。その証拠が、この本です。嫌がる私に、いつしかこんな本を書かせていたのですから。感謝しています。

二〇〇九年六月

池上　彰

講談社現代新書　2003

わかりやすく〈伝《つた》える〉技術《ぎじゅつ》

二〇〇九年七月二〇日第一刷発行　二〇一九年三月二七日第三三刷発行

著者　池上《いけがみ》　彰《あきら》

発行者　渡瀬昌彦
発行所　株式会社講談社
東京都文京区音羽二丁目一二―二一　郵便番号一一二―八〇〇一
電話　〇三―五三九五―三五二一　編集（現代新書）
〇三―五三九五―四四一五　販売
〇三―五三九五―三六一五　業務
装幀者　中島英樹
印刷所　凸版印刷株式会社
製本所　株式会社国宝社
本文データ制作　株式会社ＤＮＰユニプロセス
定価はカバーに表示してあります　Printed in Japan

N.D.C.809　238p　18cm
ISBN978-4-06-288003-9

「講談社現代新書」の刊行にあたって

教養は万人が身をもって養い創造すべきものであって、一部の専門家の占有物として、ただ一方的に人々の手もとに配布され伝達されうるものではありません。

しかし、不幸にしてわが国の現状では、教養の重要な養いとなるべき書物は、ほとんど講壇からの天下りや単なる解説に終始し、知識技術を真剣に希求する青少年・学生・一般民衆の根本的な疑問や興味は、けっして十分に答えられ、解きほぐされ、手引きされることがありません。万人の内奥から発した真正の教養への芽ばえが、こうして放置され、むなしく滅びさる運命にゆだねられているのです。

このことは、中・高校だけで教育をおわる人々の成長をはばんでいるだけでなく、大学に進んだり、インテリと目されたりする人々の精神力の健康さえもむしばみ、わが国の文化の実質をまことに脆弱なものにしています。単なる博識以上の根強い思索力・判断力、および確かな技術にささえられた教養を必要とする日本の将来にとって、これは真剣に憂慮されなければならない事態であるといわなければなりません。

わたしたちの「講談社現代新書」は、この事態の克服を意図して計画されたものです。これによってわたしたちは、講壇からの天下りでもなく、単なる解説書でもない、もっぱら万人の魂に生ずる初発的かつ根本的な問題をとらえ、掘り起こし、手引きし、しかも最新の知識への展望を万人に確立させる書物を、新しく世の中に送り出したいと念願しています。

わたしたちは、創業以来民衆を対象とする啓蒙の仕事に専心してきた講談社にとって、これこそもっともふさわしい課題であり、伝統ある出版社としての義務でもあると考えているのです。

一九六四年四月　野間省一